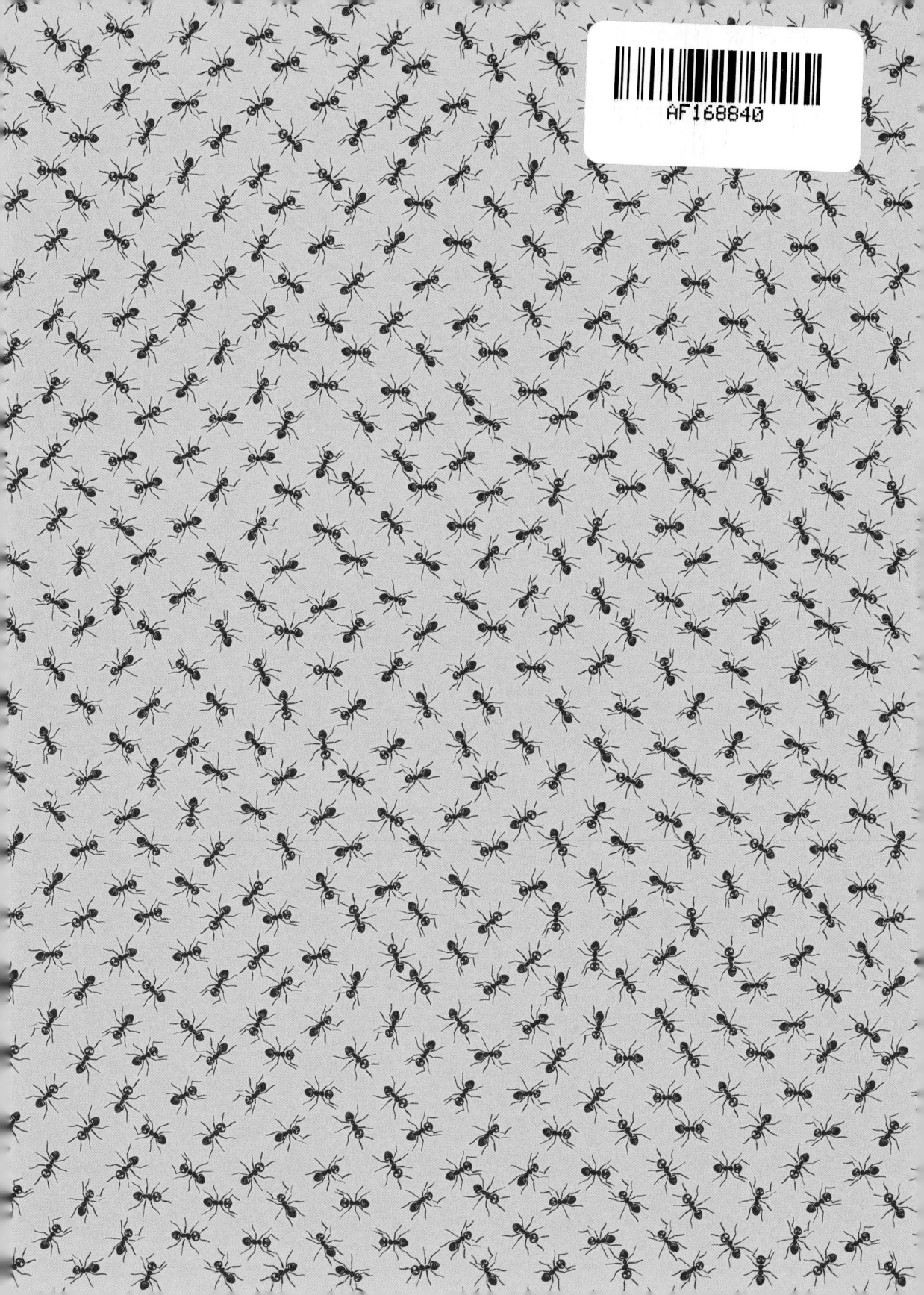

Judith Kleinschmidt · Michael Mantel

Für Gobi

© Mixtvision 2024, Leopoldstraße 25, 80802 München
www.mixtvision.de
Alle Rechte vorbehalten.
Text: Judith Kleinschmidt
Illustrationen: Michael Mantel
Grafik und Gestaltung: Veronika Preisler
Druck und Bindung: Grafisches Centrum Cuno, Calbe

ISBN: 978-3-95854-213-6

Judith Kleinschmidt · Michael Mantel

Ein Fall für den Rüsselhund

MIXTVISION
Weiter. Erzählen.

Inhalt

Die Liste 11

Flora-Freitag 15

Der Karton 21

Lotto 27

Abendessen 31

Gassigehen 37

Eine Leine für Lotto 42

Frühstückslektüre 47

Rocky 50

Carla 54

Rührei-Gespräche 58

Ballspiele 63

Eingebrochen 68

Im Schrebergarten 74

Schwindelpicknick 79

Verstärkung 84

Überprüfung der ersten Verdächtigen 89

Überhaupt keine Beschattung 94

Der zweite Verdächtige 102

Der Supersauger 107

Der dritte Verdächtige 111

Die Entführung 115

Lottos Blume 120

Ermittlungsbericht 125

Der vierte Verdächtige 128

Der beste Hund der Welt 132

Nachtrag 139

Biografien 141

Die Liste oder:
Warum ich unbedingt einen Hund brauche

Manchmal ist Papa einfach schwer von Begriff. Zum Beispiel, wenn es um den Hund geht, den ich unbedingt haben möchte. Ich habe schon so oft versucht, es ihm zu erklären, aber er versteht es einfach nicht. Deswegen hab ich ihm eine Liste gemacht. Vielleicht ist es dann leichter zu verstehen. Auf jeden Fall kann Papa dann nicht wieder vergessen, warum ein eigener Hund so eine tolle Sache ist. Er vergisst nämlich andauernd Sachen. Und meistens genau die, die er nicht vergessen soll. Zum Beispiel die Vorteile eines Hundes:

Vorteile:
1. Er kann mir Gesellschaft leisten, wenn du nachts Notdienst fährst.
2. Er ist weich und kuschelig und warm (sehr praktisch, vor allem im Winter).
3. Er kann mich vor Blödmännern beschützen.
4. Er frisst alles auf, was mir nicht schmeckt.

5. Er bringt mich an die frische Luft.
6. Er kann Verbrecher verjagen.
7. Er ist immer für mich da.
8. Er erinnert mich an Mama.
Nachteile:
0. Keine

Ich lege Papa den Zettel auf seine Arzttasche und er packt ihn beinahe zu den Spritzen und Verbänden. Aber dann sieht er ihn doch noch rechtzeitig.

»Ach Theo, du bist jetzt schon sieben. Da bist du doch alt genug, um das zu verstehen. Ich weiß, alle Kinder wollen einen Hund, ich fände das auch toll. Aber so einfach ist das eben nicht«, sagt Papa.

Typisch. Klar bin ich kein kleines Kind mehr. Aber wie so oft hört er gar nicht richtig zu. Beziehungsweise guckt nicht richtig hin. Auf der Liste stehen doch alle Gründe. Oder er ist wirklich schwer von Begriff. Aber das kann eigentlich nicht sein, immerhin ist er Arzt im Krankenhaus.

»Wir sprechen ein anderes Mal darüber. Ich muss jetzt in die Klinik. Bald sind Ferien. Dann suchen wir mal nach einem Gassi-Geh-Hund«, vertröstet er mich und gibt mir einen Kuss auf den Kopf. »Heute Abend wird es spät. Aber Flora kommt.«

Ich nicke.

»Du kannst auch auf den Rücksitz, wenn dir das lieber ist.«

Ich schüttele den Kopf.

Freitags muss Papa oft Notdienst fahren. Das heißt, dass er nachts bei den Leuten vorbeifährt, die den Notdienst anrufen, weil es ihnen nicht gut geht. Denen es aber auch nicht so schlecht geht, dass sie einen Krankenwagen brauchen. Und weil wir selber kein Auto haben, fährt Papa mit dem Taxi von Carlas Papa Thommy. Carla geht in meine Klasse und wohnt im Haus Nummer Fünf neben uns. Thommy ist Taxifahrer und Papa fährt immer gern mit ihm, weil es dann »in der Nachbarschaft bleibt«, wie er sagt. Thommy transportiert auch manchmal schwere Kisten oder Möbel für die Nachbarn. Früher bin ich am Freitag ab und zu im Taxi mitgefahren. Aber jetzt verbringe ich die Freitage lieber mit unserer Nachbarin Flora. Flora wohnt im ersten Stock, zusammen mit ihrem Goldfisch. Also gleich unter uns. Sie ist älter als Papa und jünger als Oma Ilse (manchmal sagt sie aber genauso komische Sachen).

»Hab einen schönen Abend, Großer!«, verabschiedet sich Papa.

»Hab ich. Tschüss!«

Er guckt noch mal durch den Türschlitz und zieht eine Grimasse. Dann geht er. Die Hundefrage haben wir wieder nicht geklärt.

Es ist Zeit, dass etwas passiert.

Flora-Freitag oder:
Ein Dieb räumt alle Hundefutter-Regale leer

Später hab ich Flora wegen des Hunds um Rat gefragt. Sie hat auch nicht verstanden, warum Papa einfach nicht einsehen will, dass ich einen Hund brauche.

»Was ist daran so schwer zu verstehen?«, hat sie gemeint. »Hat er mal versucht, einem Goldfisch Ballspielen beizubringen? Oder einem Wellensittich Selbstverteidigung? Oder mit einer Eidechse zu kuscheln?«

Ich glaube nicht, dass er das hat. Aber ich glaube auch nicht, dass es helfen würde. Flora schon. Für sie ist immer alles ganz einfach. Aber sie kennt meinen Papa eben nicht so gut wie ich. Mit ihm kann man normalerweise echt verrückte Sachen machen, zum Beispiel die besten Fantasie-Rezepte erfinden. Wenn mal wieder die ganze Küche stinkt, weil die Spaghetti Bolognese angebrannt sind, dann macht er einfach Regenwürmer in Erdbeersauce ohne alles (Nudeln mit Ketchup) oder Sauce mit Popelstückchen (Klümpchen).

Nur wenn es um meinen Hund geht, ist er auf einmal total vernünftig.

Auf jeden Fall ist Freitag Notdienst-Tag und das heißt Flora-Freitag. Denn dann kommt entweder Flora zu mir oder ich gehe zu ihr. Sie arbeitet vorher noch im Zoogeschäft. Es ist ein ziemlich großes Geschäft. Eigentlich ist es gar kein Zoogeschäft, sondern nur ein Zoo-Zubehör-Geschäft. Das heißt, es werden keine Kaninchen, Katzen oder Schlangen und so verkauft, sondern nur Sachen, die Tiere brauchen oder fressen. Dosenfutter, Leinen, Körbchen und Bälle. Und ein paar Heuschrecken, Würmer und Mäuse. Flora räumt in dem Geschäft die Futterregale ein. Eigentlich würde sie lieber mit Tieren arbeiten, aber das geht nicht mehr, weil sie so schlecht sieht. Sie hat in dem Geschäft, in dem sie vorher gearbeitet hat, einmal eine Maus mit einem Katzenball verwechselt. Obwohl es eine sehr runde Maus war und die Katze die Verwechslung sicher nicht gestört hat.

»Ich bin blind wie ein Maulwurf«, sagt Flora deswegen.

Flora ist klein, hat braune Haare und einen schiefen Pony (den sie sich wahrscheinlich selbst geschnitten hat). Außerdem eine große, runde Brille.

Papa sagt, dass es für so schlechte Augen keine Brille mehr gibt. Aber Flora hat trotzdem eine. Eine ganz dicke, mit der ihre Augen wie glubschige Fischaugen aussehen. Aber sie reicht trotzdem nur für die Regale.

Flora hört am Freitag immer pünktlich auf zu arbeiten, damit ich nicht so lange auf die Pizza warten muss. Wenn Flora zu mir kommt, gibt es nämlich immer Tiefkühlpizza – meistens mit Pilzen. Die mag sie am liebsten. Ich mag auch Salami. Aber heute muss die Pizza warten. Stattdessen legt Flora mir die Zeitung hin.

»Liest du mir die Zeitung vor? Vielleicht ist was Spannendes passiert!«, sagt sie.

Sie selbst kann wegen ihrer schlechten Augen nicht so gut lesen. Und deswegen lese ich ihr oft die Zeitung vor. Am Anfang war das gar nicht so einfach. Immerhin ist die Zeitung für Erwachsene und ich bin erst sieben. Mir fehlt auch immer noch ein Schneidezahn, obwohl ich eigentlich längst alle haben müsste. Ich lispele sogar ein bisschen. Deswegen hört es sich manchmal komisch an, wenn ich vorlese.

Aber das stört Flora nicht. Und inzwischen purzeln die Wörter auch aus meinem Mund, ohne unterwegs hängen zu bleiben.

In großen Buchstaben steht da:

HUNDEFUTTER-DIEBSTAHL
In der Nacht auf Freitag wurde im Supermarkt in der Müllerstraße eingebrochen. Sämtliche Hundefutter-Dosen wurden entwendet, aber keinerlei Einbruchsspuren hinterlassen. Es handelt sich um den zweiten Einbruch dieser Art. Die Polizei hat die Ermittlungen aufgenommen.

»Oh, ein Hundefutterdieb!« Flora schlägt die Hände über dem Kopf zusammen.

»Wer klaut denn Hundefutter?«, frage ich sie.

Aber natürlich weiß Flora das auch nicht. Sie schüttelt nur den Kopf. Dann geht sie zum Sofa und lässt sich erschöpft darauf plumpsen. Der Hundefutter-Diebstahl scheint sie müde gemacht zu haben. Kein Wunder. »Zu viel Grübelei ist schlecht fürs Gemüt und macht Magengeschwüre«, sagt sie.

»Und die Pizza?«, frage ich.

»Die kannst du alleine essen.«

Sie macht es sich auf dem Sofa bequem und legt die Füße hoch. Im nächsten Moment ist sie eingeschlafen. Die Brille hängt ihr ganz schief auf der Nase und sie schnarcht leise. Ich hole die Pizza aus dem Ofen, sie ist inzwischen ziemlich verkohlt. Und dummerweise haben wir keine Brote mit Nasezuhalten (Käsebrote) und sauren Fröschen (sauren Gurken) mehr.

Im Gegensatz zu Flora bin ich jetzt hellwach und grübele, wer Hundefutter klauen könnte. Ich habe keine Ahnung. Wenn ich nur einen Spürhund hätte, dann könnte ich den Dieb vielleicht aufspüren. Wie ein Detektiv. Vor Magengeschwüren habe ich keine Angst. Das wäre auch unpraktisch, weil Detektive ja viel grübeln müssen. Und ich glaube, dass dieser Hundefutter-Diebstahl mein erster Detektivfall werden könnte.

Der Karton oder:
Ist da eine Überraschung drin?

Am nächsten Freitag hole ich Flora von der Zoohandlung ab. Es ist schon Feierabend, als ich zum Laden komme. Ich warte vor der Glastür, an der ein Aushang der Polizei hängt:

> Die Polizei bittet um Ihre Mitarbeit im Fall: Hundefutter-Diebstähle.
> Für sachdienliche Hinweise melden Sie sich bitte im örtlichen Polizeibüro.

Durch die Glasscheibe sehe ich Flora, die das Regal mit den Katzenfutter-Konserven einräumt. Als sie fast fertig ist, kommt ihr Chef Herr Klein. Er ist groß und hat kurze graue Haare, die wie mit dem Lineal gerade gekämmt sind. Ich erkenne ihn. Manchmal steht er vor dem Laden und begrüßt alle Leute, die vorbeikommen, persönlich.

Herr Klein begutachtet die Dosen in Floras Regal. Er nimmt eine, dreht sie um und stellt sie zurück. Dann zeigt er auf den Rest vom Regal, schüttelt den Kopf und geht in sein Büro. Was macht er um diese Zeit noch im Büro? Es ist doch schon Feierabend. Komisch.

Flora lässt die Schultern hängen und kommt zur Eingangstür.

»Ich kann noch nicht weg«, sagt sie bekümmert und lässt mich hinein. »Ich hab das Babykatzenfutter falsch herum einsortiert. Hilfst du mir?«

Durch ihre Brille sehen ihre Augen viel größer aus, als sie in Wirklichkeit sind. Vor allem, wenn sie so traurig guckt wie ein Hund. So wie jetzt. Allerdings ist Flora ja kein Hund. Sie ist Vegetarierin. Deswegen isst sie immer Pizza mit Pilzen, wenn wir uns freitagabends treffen.

Als wir alle Dosen umgedreht haben, kann Flora endlich nach Hause. Es ist schon fast dunkel draußen. Wir gehen durch den Hintereingang raus, weil Flora noch den Müll wegwerfen muss. Als wir raus sind und hinter den Mülltonnen um die Ecke biegen, sehen wir etwas vor der Eingangstür stehen: eine Pappkiste.

»Was ist das?«, frage ich Flora.

»Das werden wir gleich sehen!«

Flora bückt sich hinunter, um sie zu begutachten.

»Ich sehe keinen Absender«, sagt sie und versucht, die Kiste zu öffnen.

»Nicht aufmachen, es könnte eine Briefbombe drin sein. Von dem Einbrecher oder so«, sage ich.

Flora ist für meinen Geschmack manchmal zu wagemutig. Sie hat offenbar vor nichts auf der Welt Angst.

Vielleicht liegt es auch daran, dass ich vor fast allem Angst habe?

»Unsinn, du machst dir zu viele Gedanken. Einbrecher brechen ein und verschicken keine Bomben«, sagt Flora und schüttelt den Karton. Ich gehe in Deckung. Sicher ist sicher.

Doch plötzlich ertönt ein seltsames Fiepen aus der Kiste.

»Da ist etwas Lebendiges drin. Komm, wir holen es raus!«

Flora öffnet den Deckel der Kiste. Ich halte die Luft an. Aber nichts passiert. Puh.

Doch dann passiert doch was. Ein langes, rüsselförmiges Körperteil guckt plötzlich durch den Schlitz.

Als Flora den Karton ganz aufgemacht hat, ruft sie entzückt: »Ein kleiner Hund, wie süß!!!«

Sie befreit das Tier aus seinem Gefängnis und nimmt es auf den Arm. Es sieht eigentlich nicht aus wie ein Hund, finde ich. Das Fell ist kurz, aber an den Beinen lang und üppig. Der Schwanz ist total buschig, wie bei einem Eichhörnchen. Das Auffälligste aber ist die Nase. Die ist schmal und gaaanz langgezogen, eigentlich ist es eher ein Rüssel. Genau genommen besteht der ganze Kopf aus Rüssel. Zwei kleine Äuglein gucken links und rechts raus und oben sitzt ein Paar winzige Ohren drauf. Das war's. Ich hab noch nie so ein seltsames Tier gesehen. Aber eins weiß ich mit Sicherheit: Das ist kein Hund. Höchstens ein Rüsselhund. (Falls es so etwas gibt.)

»Das ist doch kein Hund«, sage ich.

Flora grummelt. »Klar ist das ein Hund.«

»Meinst du wirklich?«

»Was denn sonst?«

»Vielleicht beißt er?«, sage ich besorgt.

»Unsinn! Er sieht total lieb aus. Und er ist ganz alleine«, meint Flora und tätschelt dem Hund den Kopf, was ihm offenbar gefällt. »Du kommst jetzt mit nach Hause!«, säuselt sie.

Ich traue meinen Ohren nicht. »Du willst ihn einfach mitnehmen?«

»Natürlich. Guck doch mal, wie traurig er aussieht.«

Ich bin mir nicht sicher, ob das so eine gute Idee ist. Ich wünsche mir nichts mehr als einen eigenen Hund, aber ich weiß, dass man fremde Tiere nicht einfach mitnehmen soll. Auf der anderen Seite sieht der Hund wirklich traurig aus und lieb.

»Willst du ihn vielleicht hierlassen? Mutterseelenallein, im Dunkeln, auf der Straße?«

Natürlich will ich das nicht.

Und damit ist klar: Wir nehmen den Rüsselhund mit.

Komisch ist: Als wir die Kiste hochheben, sind lauter Ameisen darunter.

Lotto oder:
Wir haben jetzt einen Hund!

Ich hab noch nie einen Hund gesehen, der so langsam läuft. Aber er wackelt zumindest brav den ganzen Nachhauseweg hinter uns her. Ob er uns mag? Zumindest folgt er uns bis vor die Haustür. Erst vor der Treppe bleibt er stehen.

Und egal, wie gut wir ihm zureden, wir können ihn nicht überreden, hinaufzugehen. Er scheint keine Treppen zu mögen.

»Wir tragen ihn«, entscheidet Flora.

»Aber er ist bestimmt so schwer wie ich«, wende ich ein.

»Siehst du, dich würde ich auch tragen, wenn es nötig wäre.«

Der Hund – von dem ich mir inzwischen sicher bin, dass er *kein* Hund ist – ist zwar nicht so groß, aber dafür

unhandlich. Der Großteil seines Körpers besteht aus Schwanz und Nase und sehr viel Fell. Flora sieht mich mit ihren Bitte-Bitte-Glubschaugen durch die Brille an. Wenn sie das macht, kann ich ihr einfach nichts abschlagen.

»Na gut, versuchen wir es«, gebe ich nach.

Flora nimmt das Hinterteil und ich das Vorderteil. Aber ich weiß nicht, wo ich hingreifen soll. Ich kann ihn ja schlecht an der Nase festhalten. Ich entscheide mich für eine Stelle hinter den kleinen Knopfaugen, die mich die ganze Zeit aufmerksam und freundlich betrachten. Ich schlinge beide Arme um seinen Hals. Die borstigen Haare kitzeln mich im Gesicht.

Auf jeden Fall ist unser Hund nicht gefährlich, sonst hätte er sich längst gewehrt. Aber er lässt geduldig alles über sich ergehen.

Vor Floras Wohnungstür setzen wir ihn ab. Im nächsten Augenblick läuft er auch schon durch ihre kleine Wohnung und beschnuppert alles. Die Porzellanschweine auf der Kommode wackeln gefährlich, als er sie mit seiner langen Nase berührt. Da sind Floras bunte Einhorn-Hausschuhe schon robuster und viel spannender. Allmählich arbeitet der Hund sich in die Küche vor und verschwindet Nase voraus unter dem Küchentisch.

Oben auf dem Tisch liegt ein Zettel.

»Mist, ich hab schon wieder vergessen, den Lottoschein abzugeben«, sagt Flora.

Die Hundenase kommt auf der anderen Tischseite zum Vorschein und schnuppert an dem Zettel. Doch der Zettel ist nicht interessant. Stattdessen schiebt der Rüssel den leeren Kochtopf von gestern über den Tisch.

»Meinst du, er hat Hunger?«, fragt Flora.

»Kommt drauf an, wie lange er da schon vor dem Laden in der Kiste gesessen hat«, sage ich.

»Was fressen Hunde denn?«, fragt sie.

»Hundefutter?«, antworte ich unsicher.

»Vielleicht ist er der Hundefutterdieb, über den die Zeitung geschrieben hat? Vielleicht war er so hungrig, dass er das ganze Hundefutter aufgefressen hat?« Flora guckt mich entsetzt an.

»Quatsch!«, antworte ich. »Aber Hundefutter haben wir trotzdem nicht.«

»Fressen Hunde sonst nichts?«

Das ist eine gute Frage.

»Keine Ahnung«, sage ich.

»Na gut, dann müssen wir es eben herausfinden«, entscheidet Flora.

Dagegen habe ich keine Einwände.

Abendessen oder:
Unser Hund mag keine Pizza

»Hunde fressen auch Wurst und manchmal auch Obst«, fällt mir ein.

Papa hat mal erzählt, dass Mamas Dackel am liebsten Weintrauben gefressen hat. Mama hatte nämlich auch einen Hund. Einen Dackel, der hieß Herr Hund. Komischer Name. Ich erinnere mich leider nicht mehr so genau an ihn, ich war noch ein minikleines Baby. Als Mama gestorben ist, starb Herr Hund kurz danach auch. Ich glaube, deswegen will Papa jetzt keinen Hund mehr haben. Aber ich glaube auch, Mama wäre dafür, dass ich einen Hund bekomme.

Flora hat keine Weintrauben zu Hause. Und auch keine Wurst.

»Wir könnten doch die Salami von meiner Pizza runtermachen«, schlage ich vor.

Genau das machen wir. Ich laufe hoch in unsere Wohnung und hole zwei fliegende Untertassen (Tiefkühlpizzen) aus der Gefriertruhe. Sie liegen schon bereit für den Flora-Abend. Ich nehme beide mit.

Aber als ich sie auf den Teller lege, interessiert sich der Hund nicht die Bohne dafür. Auch nicht, nachdem ich ein paar Scheiben Kinderglück (Salami) runtergepult und sie an einer Schnur aufgetaut habe.

»Seltsam«, finde ich.

»Vielleicht ist er Vegetarier«, sagt Flora.

Sie packt ihre Pizza aus und pult einen Pilz ab. Der Hund beachtet ihn nicht mal.

Flora steckt sich den Pilz selbst in den Mund.

»Vielleicht hat er einfach keinen Hunger oder er mag nur warme Pizza«, sage ich.

Aber das glaubt Flora nicht.

»Ich hab's!«, ruft sie plötzlich. »Vielleicht ist er noch ein Baby? Wir brauchen Milch.«

»Ein Baby???« Ich hab mich wohl verhört. »Aber er ist riesig!«

Doch das ist Flora egal. Sie schüttet Milch in eine Schüssel und stellt sie ihm hin.

Und tatsächlich! Er trinkt!

Ich traue meinen Augen nicht. Der Hund steckt seine lange Schnauze in die Schüssel und trinkt. Aber wie! Eine ganz dünne Zunge kommt aus seinem Mund geschossen und schlabbert die Milch auf. Sie sieht aus wie ein Regenwurm, der in einem Mund wohnt. Irgendwie eklig.

Die Schüssel ist in Nullkommanichts leer geschlabbert. Der Hund dreht sich um und trottet zum Tisch. Er zwängt

sich zwischen den Stühlen hindurch und plötzlich schüttelt er sich. So wie Hunde es machen, wenn sie nass sind. Aber der Hund ist gar nicht nass. Er schüttelt kleine Tierchen aus seinem Fell. Keine Läuse oder Flöhe. Es sind – Ameisen. Doch nicht nur das. Nachdem er die Tierchen aus seinem Fell katapultiert hat, laufen die wuseligen kleinen Dinger auf dem Boden durcheinander. Nach und nach ist es aber kein Durcheinander mehr, sondern sie bilden eine ordentliche Reihe – und noch eine, und noch eine. Vor mir auf dem Fußboden malen die Ameisen Strich für Strich ein

ordentliches Bett. Dann krabbeln sie ganz schnell wieder davon. Ich bin total verwirrt. Ein Bett? Wahrscheinlich heißt das, dass er jetzt müde ist. Er hat mir mit einem Bild eine Nachricht geschrieben! Unglaublich!

Flora sieht nicht, was unter dem Tisch passiert. Und ich sage ihr auch nichts davon. Die Ameisen sind längst wieder verschwunden. Ich bin mir selbst nicht sicher, ob das wirklich passiert ist.

Der Vielleicht-Hund rollt sich in seiner Tisch-Höhle zusammen wie eine Streuselschnecke und schließt die Augen.

»Er ist müde«, flüstert Flora. Kein Zweifel, denn im nächsten Augenblick ist ein gleichmäßig pfeifendes Schnarchen unter dem Tisch zu hören.

Flora und ich setzen uns auf das Sofa.

»Wir brauchen einen Namen für ihn«, sagt Flora.

»Aber er hat doch bestimmt schon einen«, sage ich.

Das ist Flora egal.

»Dann hat er eben zwei.«

Wir überlegen und gucken hinunter zu dem Hund in seiner Tischhöhle. Ich frage mich, ob er wirklich ein Rüsselhund ist. Ich hab noch nie von so einer Rasse gehört und irgendwie glaube ich auch nicht, dass es sie gibt. Flora denkt gar nicht darüber nach. Im Gegenteil, es ist ihr vollkommen egal. Dafür hat sie einen Namen für ihn gefunden.

»Lotto!«, ruft sie.

»Lotto?«, frage ich.

»Ja, dann denke ich immer an den Lottoschein, wenn wir rausgehen.«

»Warum nicht?«

Ich finde Lotto einen ganz guten Namen für einen Hund, auch wenn er gar keiner ist.

Es ist schon spät. Aber als ich hinauf in unsere Wohnung komme, ist Papa noch immer unterwegs. Wenn er Notdienst fährt, kommt er manchmal erst morgens nach Hause und schläft dann den ganzen Vormittag. Ich finde das blöd, weil ich dann stundenlang warten muss, bis wir etwas unternehmen. Aber morgen werde ich nicht warten. Morgen werde ich nach dem Aufwachen direkt hinunter zu Flora und Lotto laufen.

Gassigehen oder:
Unser Hund frisst nur Ameisen

Als ich am Samstagmorgen an Floras Tür klopfe, dauert es ewig, bis sie aufmacht. Sie sieht noch ziemlich verschlafen aus und hat immer noch die Kleidung vom Vortag an.

»Ich muss heute erst nachmittags in den Laden«, sagt sie und gähnt.

Lotto steht neben ihr und guckt mich erwartungsvoll an.

»Er wartet schon auf dich«, meint Flora. »Er steht die ganze Zeit vor der Tür.«

Ich habe jedoch eine ganz andere Vermutung.

»Vielleicht muss er mal.«

Und tatsächlich: Sobald die Tür weit genug geöffnet ist, rennt Lotto hinaus und die Treppe hinunter. (Runterlaufen scheint kein Problem für ihn zu sein.) Unten schießt er schnurstracks aus dem Haus und in den Hof.

Flora und ich hetzen ihm hinterher. Lotto scheint es ziemlich eilig zu haben. Im Hof setzt er sofort die Schnauze auf den Boden wie einen Staubsauger und schnüffelt los. Vor einem großen Felsen am Weg macht er halt. Völlig außer Atem treffen auch Flora und ich ein.

»Bestimmt hebt er jetzt sein Bein«, vermutet Flora.

Sie hat eine rosafarbene Jacke über ihre zerknitterten Sachen gezogen. Das sieht allerdings nicht viel besser aus, zumal sie noch ihre Hausschuhe trägt. Gebannt starren wir beide auf Lotto und warten, was er wohl macht.

Aber Lotto hebt nicht sein Bein und macht auch sonst keine Anstalten, sein Geschäft zu erledigen. Stattdessen saugt er mit seinem Rüssel um den Felsen herum.

»Will er den Stein fressen?«, fragt Flora.

»Eher saubermachen«, antworte ich.

Aber als ich genauer hinsehe, fällt mir eine Ritze unter dem Stein auf. Und Lottos Nase passt genau in diesen Spalt rein.

Plötzlich fährt er blitzschnell seine Zunge aus.

»Ich glaube, er will den Felsen wirklich fressen«, sagt Flora.

»Nein, guck doch mal genauer hin«, sage ich.

Aber dann fällt mir ein, dass Flora ja nicht so gut sehen kann. Also erzähle ich ihr, was ich sehe.

»Er hat seinen Rüssel in die Spalte unter dem Felsen gesteckt und sucht etwas mit der Zunge.«

Und dann erkenne ich auch, was er dort sucht: Eine lange Ameisenstraße führt über den Weg und endet unter dem Felsen. In der Ritze wohnen sie bestimmt. Und Lotto hält seinen Staubsaugerrüssel direkt hinein.

»Lotto frisst Ameisen!«

»Ameisen?«, fragt Flora vollkommen verdutzt. »Das schmeckt doch nicht.«

»Kommt drauf an …«

»Worauf soll das denn ankommen?«, fragt Flora.

»Wer sie frisst.« Und dann teile ich ihr mit: »Ich glaube, Lotto ist ein Ameisenbär, und denen schmecken Ameisen.«

Jetzt lacht Flora laut.

»Unser Lotto? Ein Ameisenbär? Niemals! Du hast doch gesehen, wie niedlich er ist. Sein süßer Hundeblick. Und die putzige Hundeschnauze. Er muss ein Hund sein.«

Sie glaubt mir einfach nicht!

»Naja, ich finde ihn ja auch süß. Aber das ist im Grunde gar keine Hundeschnauze«, erwidere ich.

»Willst du etwa sagen, ich kann einen Hund nicht von einem Ameisenbären unterscheiden?«, fragt Flora empört.

»Ich –«, stottere ich.

Ich weiß nicht, was ich jetzt sagen soll, denn ich denke genau das. Aber ich will Flora nicht beleidigen.

»Ich weiß nicht«, antworte ich schließlich. Langsam werde ich selbst unsicher.

»Eben«, sagt Flora.

Und damit ist das Thema für sie beendet. Mir kommt ein ganz anderer Gedanke. Vielleicht ist es gar nicht so schlimm, dass Lotto ein Ameisenbär ist. Dann hat er bestimmt kein Herrchen oder Frauchen, die ihn suchen. Ameisenbären haben das nicht, soweit ich weiß. Zumindest habe ich noch nie jemanden gesehen, der seinen Ameisenbären spazieren führt.

Vielleicht ist es aber trotzdem besser, wenn alle ihn für einen Hund halten und niemand weiß, dass er in Wirklichkeit ein Ameisenbär ist. Sonst dürften wir ihn vielleicht nicht behalten. Wegen dem Tierschutz.

Die Sache ist also klar:
a) Wir müssen den Besitzer nicht mehr suchen.
   (Weil Ameisenbären keine Besitzer haben.)
b) Niemand darf wissen, dass Lotto *kein* Hund, sondern ein Ameisenbär ist. (Weil man Ameisenbären nicht behalten darf.)

Aber Lotto ist ein Ameisenbär, auch wenn es keiner weiß.

Eine Leine für Lotto oder:
Kann man eine Hundeleine stricken?

Als Lotto sich an seinem Ameisenfelsen satt gefressen hat, gehen wir wieder zurück in Floras Wohnung. Dieses Mal läuft Lotto sogar selbst die Treppe hoch, wenn auch ganz langsam.

»Auf jeden Fall braucht Lotto eine Leine. Damit er uns nicht wegläuft«, sage ich, als wir wieder drinnen sind.

Flora stimmt mir zu. »Ich bin fast fertig damit!«, sagt sie.

Und dann zeigt sie mir stolz ihr Strickzeug. Ein langer roter Schal hängt an dem Wollknäuel.

»Was ist das?«, frage ich sie.

Flora betrachtet ihr Werk. »Eine Leine. Für Lotto!«

»Hast du die gestrickt?«

Flora nickt stolz.

Ich bin ehrlich beeindruckt. Flora muss den Schal noch in der Nacht gestrickt haben. Wahrscheinlich ist sie deswegen auch so müde.

Ich kann mir jedoch nicht vorstellen, wie ich Lotto an den Wollschal binden soll.

»Aber ist es nicht eher ein Schal als eine Leine?«, frage ich sie.

»Fängst du schon wieder an? Warum soll es denn keine Leine sein? Es ist eben eine Winter-Leine«, sagt Flora ein bisschen beleidigt.

Lotto hat das Wollknäuel am Schal entdeckt und stürzt sich vergnügt darauf. Wie eine Katze kugelt er es vor sich her, nur dass er dabei nicht seine Pfoten, sondern seine Nase benutzt. Es sieht ziemlich albern aus. Flora und ich gucken ihm zu, wie er das ganze Wollknäuel ausrollt. Er spielt, bis keine Wolle mehr da ist.

»Und aus was strickst du jetzt die Leine?«, frage ich.

Flora überlegt. »Lotto muss die Wolle eben wieder aufwickeln«, antwortet sie dann.

Das ist allerdings leichter gesagt als getan, denn natürlich hat Lotto keine Lust, ein ordentliches Knäuel zu wickeln. Er tollt und taumelt mit der Wolle durch die ganze Wohnung. Erst macht es ihm noch Spaß, aber nach und nach verheddert er sich immer mehr. Der Wollfaden wickelt sich um ihn wie um eine Strickliesel. Und je mehr er versucht, sich zu befreien, desto mehr wird er eingewickelt.

»Ich glaube, Lotto denkt, *er* soll ein Knäuel werden«, sage ich grinsend.

Tatsächlich sieht Lotto irgendwann aus wie ein riesiges Wollknäuel, das durch die Wohnung kugelt. Er ist jetzt aber gar nicht mehr fröhlich dabei. Verzweifelt versucht er, sich von dem Faden zu befreien.

»Ich glaube, wir müssen ihm helfen«, sage ich.

Flora nickt. »Ich hol die Schere.«

Als sie mit der großen Küchenschere auf Lotto zugeht, bekommt er es mit der Angst zu tun. Er zieht den Schwanz ein und weicht zurück.

»Keine Angst, Lotto. Die Schere ist nur für die Wolle.«

»Schön stillhalten«, sagt Flora.

Das hätte sie jedoch gar nicht sagen müssen, denn Lotto kann sich ohnehin kaum noch bewegen. Er sieht uns ziemlich unglücklich an.

»Jetzt hat er zwar einen Pullover, aber immer noch keine Leine«, sage ich. »Und ich glaube, er mag seinen Pullover auch nicht.«

»Da hast du wohl recht«, seufzt Flora und beginnt, Lotto mit der Schere von der Wolle zu befreien.

Am Ende sind nur noch viele ganz kurze Wollstückchen übrig.

»Tja, das war's dann wohl mit der Leine«, seufzt Flora.

»Für eine Woll-Leine ist es sowieso noch zu warm«, finde ich.

Flora stimmt mir zu. »Ich glaube, ich kaufe ihm noch eine Sommerleine. Aber lass uns erst mal frühstücken.«

Und das scheint mir eine gute Idee zu sein.

Frühstückslektüre oder:
Der Hundefutter-Dieb hat wieder zugeschlagen

Normalerweise bedeuten Ferien: lange schlafen und dann mit Papa ausgiebig frühstücken. Aber heute ist Papa noch mal in die Klinik gefahren. Er vertritt seinen Kollegen, weil der sich das Bein beim Skifahren gebrochen hat.

»Warum muss man im Sommer Ski fahren?«, hat sich Papa gewundert. Aber der Kollege hat es eben trotzdem gemacht und deswegen soll Papa jetzt für ihn mitarbeiten. Und das, obwohl Ferien sind.

Ich finde das aber nicht so schlimm, denn stattdessen frühstücke ich heute mit Flora und Lotto. Lotto hat seine Milchschüssel schon fast leer geschlabbert und Flora macht mir Kakao warm.

»Verkauft ihr eigentlich auch Ameisen im Zoogeschäft?«, frage ich sie.

»Manchmal, aber zurzeit sind keine da. Warum willst du das denn wissen?«

»Ach, nur so.«

Für Flora ist Lotto ein Hund. Und das ist auch gut so.

Nach seiner Milch lässt Lotto sich wieder unter den Tisch plumpsen und schläft. Ich bekomme meinen Kakao und Flora Tee. Sie schmiert sich ein Marmeladenbrot und mir auch. Weil sie ja nicht so gut sehen kann, ist sie schon ganz ungeduldig, dass ich ihr endlich etwas aus der Wochenend-Zeitung vorlese.

Die erste Überschrift interessiert mich besonders.

SCHON WIEDER EIN HUNDEFUTTER-DIEBSTAHL.
Wo schlagen die Diebe als Nächstes zu?

Darunter ist ein Foto von einem leer gefegten Regal in einem kleinen Laden zu sehen. Ganz komisch sieht das Regal aus, als wären alle Futterdosen gleichzeitig in den Urlaub gefahren.

Flora klopft an die Scheibe von Einsteins Aquarium. Einstein ist ihr Goldfisch. Er schwimmt einfach nur im Kreis, ohne zu reagieren. »Er denkt«, sagt Flora immer, wenn er das tut. Das glaube ich natürlich nicht. Aber Flora behauptet, dass er ein hochbegabter Goldfisch ist.

Weil Einstein nicht antwortet, fragt sie mich: »Ob der Dieb auch Hunde klaut?«

»Ich glaube nicht«, sage ich, aber bin mir nicht ganz sicher.

Lotto schickt ein paar Ameisen. Sie wuseln durcheinander und malen schließlich einen Kasten auf vier Kreisen. Ich rätsele, was es sein könnte. Dann kommt mir eine Idee. Vielleicht ist es ein Auto? Ein großes Auto, wie ein kleiner Laster. Ja, das ist es! Es ist ein Lieferwagen! Lotto ist ein echtes Orakel. Von Papa weiß ich, dass ein Orakel zwar die Zukunft voraussagen kann, aber immer in Rätseln spricht, so dass man nie genau weiß, was gemeint ist. Aber das Orakel hat immer recht und man sollte seinen Hinweisen folgen.

Rocky oder:
Hunde, die bellen, beißen nicht – oder?

Flora sagt, ich bin jetzt Lottos Patenonkel. Weil ich ja keinen eigenen Hund haben darf, der bei mir wohnt. Ich kann mein Glück kaum fassen. Auch wenn ich nicht genau weiß, was es bedeutet, Patenonkel von einem Hund zu sein – oder von einem Ameisenbären.

Es ist Montagmorgen und Flora ist schon in der Arbeit. Aber sie hat mir meinen eigenen Lotto-Schlüssel gegeben. Und sie hat auch eine rote Leine und ein rotes Halsband für Lotto gekauft. Aus Leder, nicht aus Wolle. Damit kann ich mit Lotto super Gassi gehen. Wie mit einem echten Hund.

Als ich die Tür aufsperre, steht Lotto schon schwanzwedelnd davor.

Ich bin wahnsinnig aufgeregt. Ganz allein mit einem Ameisenbären. Was ist, wenn Lotto auf einmal Angst vor mir hat? Wie soll ich mit ihm reden? Soll ich überhaupt mit ihm reden? Schließlich kann er mir ja nicht antworten. Und was mache ich, wenn er wegläuft? Oder in die Wohnung pullert? Oder …? Auf einmal fallen mir lauter schreckliche Dinge ein, die passieren könnten.

»Hallo Lotto! Wollen wir raus?«, frage ich ihn.

Als er vor Freude an mir hochspringt, falle ich beinahe um.

»Hey, nicht so stürmisch!«, wehre ich ihn ab, aber er schlabbert mir mit seiner dünnen Zunge übers Gesicht. Meine Sorgen sind dahin.

Ich lege Lotto das Halsband und die Leine an und dann läuft er auch schon die Treppe runter. Lotto zieht mich an der Leine und nicht umgekehrt.

Die alte Frau Böhrich aus dem Erdgeschoss beobachtet uns, als wir die Treppe runterkommen. Neben ihr steht ihr winziger Yorkshire-Terrier Rocky.

»Jaja, sie sind doch alle gleich«, sagt sie und schiebt ihren Rollator ein Stückchen weiter.

»Wie meinen Sie das?«, frage ich erschrocken.

»Wenn das Geschäft gemacht werden soll, dann muss alles ganz schnell gehen«, sagt sie und lacht. »Egal, welche seltsame Rasse.«

Ich bin erleichtert. Offenbar hält sie Lotto für einen ganz normalen (seltsamen) Hund. Anders Rocky. Der knurrt, als wir vorbeiwollen. Und beginnt zu bellen. Er ist zwar winzig, kann aber kläffen wie ein Weltmeister. Lotto zieht den Schwanz ein und versteckt sich hinter mir.

»Ruhig, Rocky!«, sagt Frau Böhrich.

Aber das interessiert Rocky nicht. Er kläfft uns hinterher, bis wir aus dem Haus sind.

»Uff, das war knapp. Ob er was gemerkt hat?«, frage ich Lotto, aber der antwortet nicht.

Stattdessen schnüffelt er den ganzen Hof ab und landet doch wieder beim Ameisenfelsen. Als er dort etwas zu fressen findet, ist er nicht mehr davon wegzubringen, bis auch die letzte Ameise aufgefuttert ist. Es dauert eine Ewigkeit.

Als Lotto endlich fertig ist, will ich nach Hause. Doch da kommt Carla aus der Nummer Fünf. Sie fährt mal wieder mit ihrem Rad im Hof herum. Carla ist ein halbes Jahr älter als ich und wohnt mit ihren zwei Vätern neben uns. Und deshalb treffe ich sie dauernd.

Und das ist nicht immer schön.

Carla oder:
Mein Hund ist hässlich, na und?

Ich hab eigentlich nichts gegen Carla, aber manchmal kann sie echt blöd sein. Sie findet sich so wahnsinnig cool und besonders. Nur weil sie zwei Väter hat, die sie Tobi und Thommy nennt, und nicht Mama und Papa wie die meisten anderen. Manchmal ist Carla einfach superblöd. Dann erzählt sie allen, wie toll es ohne Mama ist, weil keiner sie wie ein Baby behandelt. Ich finde es echt gemein, so was zu sagen, denn ich vermisse meine Mama und wäre froh, wenn sie noch da wäre.

Aber Carla mag Hunde. Sie darf nur keinen haben, weil Tobi gesagt hat, Hunde sind hässlich und stinken. Stattdessen hat er ihr zum Geburtstag ein neues Fahrrad geschenkt. So eins mit acht Gängen und orangenen Felgen! Aber bestimmt hätte sie eigentlich lieber einen Hund bekommen.

Auf diesem supercoolen Fahrrad kommt Carla um die Ecke. Die orangefarbenen Felgen sehen ziemlich bescheuert aus, finde ich.

»Was ist das denn?«, blafft sie, als sie Lotto sieht.

»Das ist Lotto. Mein Hund«, sage ich stolz – und ein bisschen selbstbewusster, als ich mich fühle.

Carla starrt Lotto an, ihr gehen fast die Augen über. Vor Bewunderung oder Entsetzen, das lässt sich nicht genau sagen. Doch dann prustet sie lauthals los.

»Ich lach mich tot! Das ist der hässlichste Hund, den ich je gesehen habe!«

Sie hält sich den Bauch und tut so, als hätte sie Tränen in den Augen vor lauter Lachen. Total übertrieben.

»Aber …« Ich will etwas entgegnen, aber mir fällt so schnell nichts Cooles ein.

»Ihr passt echt super zusammen. Du und dein hässlicher Hund!«, sagt Carla fies. »Ihr könntet direkt bei einem Hässlichkeitswettbewerb mitmachen, bestimmt würdet ihr den ersten Preis gewinnen!«

Carla ist fast einen Kopf kleiner als ich, und wenn sie so gemein ist, nenne ich sie heimlich Giftzwerg. Das ist zwar auch nicht gerade nett, aber das ist mir dann egal.

Ich sage nichts, sondern gucke Carla nur böse an. Lotto scheint sie nicht mal zu bemerken, er hat seine Nase noch immer auf dem Boden. Hoffentlich sieht Carla nicht, dass er Ameisen frisst. Bitte, bitte. Mir ist auch total egal, wie gemein sie zu mir ist, solange sie es nicht bemerkt.

Ich habe Glück. Carla scheint es zu langweilig zu sein, wenn ich ihr nicht widerspreche. Sie lacht noch einmal und kickt mit ihrem Schuh Kies in unsere Richtung. Dann fährt sie mit ihrem Angeberfahrrad wieder weg.

»Giftzwerg«, zische ich ihr kaum hörbar nach.

Ich will ihr eigentlich sagen, dass ihr Fahrrad viel hässlicher ist als Lotto. Und dass sie damit den ersten Preis viel eher verdient. Aber ich tue es nicht. Besser, sie hält Lotto für einen hässlichen Hund als für einen schönen Ameisenbären.

Lotto ist inzwischen mit seinem Ameisenpicknick fertig. Er steht ganz ruhig neben mir und guckt mich an. Ich nehme seine Leine etwas kürzer und will los. Aber Lotto bleibt stehen und guckt. Und guckt. Und dann macht er endlich sein Geschäft, wie Frau Böhrich es gesagt hat. Allerdings setzt er nicht einen wurstförmigen Hundehaufen ab, sondern viele kleine klebrige Häufchen. Und er hebt auch nicht das Bein, sondern pullert im Stehen. Dann muss ich seine Häufchen mit einer Tüte aufsammeln. Die Tüte habe ich aus der Küche stibitzt und benutze sie genauso, wie ich es bei anderen Menschen mit Hund beobachtet habe. Ich komme mir wie ein echter Hundebesitzer vor und es fühlt sich kein bisschen unvernünftig an.

Natürlich habe ich Papa von Lotto erzählt, als wir abends Waschlappen mit toten Fliegen (Pfannkuchen mit Rosinen) gegessen haben. Allerdings habe ich Papa verschwiegen, dass Lotto ein Ameisenbär ist. Denn wenn er es wüsste, würde er sofort den Tierschutz anrufen. Und die würden Lotto bestimmt abholen. Und wenn Papa noch dazu wüsste, dass Lotto Geheimsprache kann, erst recht. Also werde ich nichts erzählen. Vorerst.

Rührei-Gespräche oder:
Juchhu!!
Papa fährt auf einen Kongress

Am nächsten Morgen will Papa etwas mit mir besprechen. Obwohl Dienstag ist. Er hat sogar Brötchen gekauft und kocht Rührei. Das macht er normalerweise nur am Sonntag oder wenn es etwas Wichtiges zu besprechen gibt. Sein Rührei heißt Eier mit Drehwurm und schmeckt grauenvoll. Ich nenne es hellgelbe Matsche. Das sage ich ihm aber nicht, weil er immer so stolz darauf ist. Natürlich weiß ich, dass Papa einfach nicht gut kochen kann, aber das ist mir egal.

Was will Papa nur mit mir besprechen? In meinem Hals steckt schon ein Kloß. Der steckt da immer, wenn Papa mal wieder einen Brief von der Lehrerin bekommen hat. Normalerweise, weil ich so oft zu spät komme. Dabei kann ich gar nichts dafür. Papa ist derjenige, der immer verschläft. Nicht nur, wenn er nachts Notdienst fährt. Auch sonst. Er muss ja erst um neun in der Klinik sein und ich schon um acht in der Schule. Jedenfalls ist es nicht meine Schuld, wenn ich zu spät in die Schule komme. Aber jetzt sind ja

Ferien, das kann es also nicht sein. Was dann? Ich hab total Angst, dass Papa über Lotto sprechen will und dass Lotto wegmuss. Obwohl er Lotto gestern noch für eine gute Sache hielt, solange er bei Flora wohnt. Aber bei Erwachsenen weiß man nie, ob sie ihre Meinung nicht einfach wieder ändern.

Ich sitze also mit Papa am Frühstückstisch und stochere in meiner hellgelben Matsche rum. Vor lauter Aufregung hab ich gar keinen Hunger mehr.

Dann geht es aber gar nicht um Lotto, sondern um etwas ganz anderes: Papa muss für mehrere Tage zu einem Kongress, weil sein Kollege mit dem gebrochenen Bein nicht hinfahren kann. Normalerweise macht Papa solche Reisen nicht. Wegen mir. Aber weil der Kollege ohne Schnee Ski gefahren ist und weil der Kongress so wichtig ist, muss Papa fahren.

Ich finde das nicht schlimm. Im Gegenteil. Weil Ferien sind, kann ich den ganzen Tag mit Lotto zusammen sein. Etwas Besseres könnte mir gar nicht passieren. Nichts gegen Papa, aber Lotto ist einfach tausendmal cooler. Das sage ich Papa natürlich nicht.

»Kein Problem, ich kann den Kühlschrank aufmachen und die Klospülung bedienen. Für die wichtigsten Dinge ist also gesorgt«, sage ich total lässig.

Lotto erwähne ich gar nicht. Das muss ich auch nicht. Denn Papa macht es von ganz alleine.

»Ich dachte, du könntest vielleicht bei Flora wohnen, solange ich weg bin. Dann kannst du auch auf den Hund aufpassen, wenn sie arbeitet. Und umgekehrt.«

Papa grinst.

Er weiß natürlich, dass ich begeistert bin.

Ich bin so begeistert, dass ich vom Tisch aufspringe und runterrenne.

»Ich frag Flora!«, rufe ich.

Aber natürlich hat Papa sie längst gefragt.

Ballspiele oder:
Wer bringt schon gerne Bälle zurück?

Als Papa abreist, bin ich schon ganz hibbelig vor Aufregung. Ich winke ihm aus dem Fenster. Leider kann Carlas Papa Thommy ihn nicht zum Bahnhof fahren, weil sein Taxi für einen Umzug gebraucht wird. Aber mich interessiert ohnehin nur Lotto.

Kaum ist Papa weg, laufe ich zu Flora hinunter. Sie ist nicht da, nur Einstein schwimmt wie immer still in seinem Aquarium. Aber Lotto wartet schon auf mich. Er kommt unter dem Tisch hervor und begrüßt mich, als ich hereinkomme. Dabei läuft er ganz aufgeregt um mich herum und wedelt mit dem struppigen Schwanz.

»Hallo Lotto, ich freu mich auch, dich zu sehen!«, begrüße ich ihn.

Als ich ihm den Kopf tätschele, wirft er sich vor mir auf den Boden und lässt sich den Bauch kraulen. Der ist total weich, weil die Haare da ganz flauschig sind. Im Gegensatz zu allen anderen Stellen an seinem Körper. Ich setze mich zu Lotto auf den Boden und kraule ihn, bis er genug hat. Das dauert bestimmt eine halbe Stunde.

Dann gehen wir raus.

Alle Hunde spielen gerne Ball. Immer wenn ich im Park oder im Hof bin, sehe ich Hunde beim Ballspielen. In der Regel sieht das so aus: Der Besitzer wirft einen Ball, so weit er kann. Und dann holt ihn der Hund, so schnell er kann, zurück. Im besten Fall legt er ihn dem Besitzer vor die Füße und bekommt dafür ein Leckerli. Oder wird ausgiebig gelobt. Ich hab mich immer gefragt, ob dieses Spiel nicht schrecklich langweilig ist. Aber jetzt, wo ich selbst einen Hund habe, kommt es mir vor wie das tollste Spiel der Welt.

Ich muss es Lotto nur noch beibringen.

Papa hat mir zum Abschied einen von seinen alten Tennisbällen geschenkt. Er hat ohnehin keine Zeit mehr zum Spielen, hat er gesagt. Dann sollen die Bälle wenigstens jemand anderem Spaß machen. Dieser Jemand ist Lotto. Und ich irgendwie auch. Ich gehe also mit Lotto und dem gelben Tennisball in den Hof. Zum Glück ist es noch früh und keiner außer uns da. Die Erwachsenen sind alle schon zur Arbeit gegangen und die Kinder schlafen noch, weil Ferien sind. Der Hof ist leer. Nur das Taxi von Thommy steht in der Einfahrt. Voll beladen mit Kartons, wahrscheinlich für den Umzug. Und auf jeden ist ein goldener Hund gemalt! Zieht ein Hund um? Eigenartig.

Mein Hund zieht auf jeden Fall nicht um, sondern spielt mit mir Ball. Im leeren Hof haben Lotto und ich genug Platz dazu.

»Pass auf, Lotto. Ich werfe den Ball und du musst ihn holen«, sage ich.

Lotto guckt mich an, ich habe nicht den Eindruck, dass er verstanden hat, was ich ihm gesagt habe. Also sage ich es noch mal.

»Ich werfen. Du holen«, sage ich.

Warum ich auf einmal rede wie ein Idiot, weiß ich nicht. Vielleicht versteht es Lotto besser, wenn ich nicht so viele Worte benutze. Aber halte ich Lotto für einen Idioten? Nein.

»Das ist ein super Spiel, du musst nur dem Ball nachlaufen«, sage ich deswegen noch einmal ganz normal und fühle mich gleich besser dabei. »Jetzt guck zu!«

Ich werfe den Ball. Ich kann nicht so weit werfen, aber der Hof ist ja auch nicht besonders groß. Der Ball fliegt in einem kleinen Bogen durch die Luft und landet ein paar Meter weiter im Gras. Er rollt noch ein Stückchen. Dann bleibt er liegen wie ein Osterei.

»Jetzt kannst du ihn holen«, sage ich zu Lotto.

Aber der guckt mich nur fragend an.

»Lauf! Hol den Ball!«, rufe ich noch einmal auffordernd. Aber Lotto bleibt genau da sitzen, wo er ist. Er hat keine Lust. Vielleicht muss ich ihn ja ein bisschen motivieren.

»Wenn du den Ball holst, bekommst du eine Belohnung!«, verspreche ich. Auch wenn ich noch gar nicht weiß, was die Belohnung ist. Aber sie scheint Lotto auch nicht zu interessieren. Denn jetzt bleibt er nicht nur sitzen, sondern legt sich sogar noch hin.

Ich seufze. Mehr Verweigerung geht eigentlich nicht. Doch dann habe ich noch eine letzte rettende Idee. Ich muss Lotto vielleicht vormachen, wie es geht. Und dann kann er es nachmachen.

»Pass jetzt gut auf, Lotto! Und guck mir zu«, sage ich streng.

Ich mache mich locker, als würde ich einen Fünfzig-Meter-Lauf starten. Dann bücke ich mich und stelle mich auf alle viere. Und so krabbele ich über die Wiese. Ich komme mir ziemlich dämlich dabei vor, aber egal. Als ich bei dem Ball angekommen bin, hebe ich ihn ganz vorsichtig mit dem Mund auf. Er schmeckt genauso alt und muffig, wie er aussieht. Ich trage den Ball vorsichtig in meinem Mund wieder zurück. Es ist gar nicht so leicht, ihn mit den Zähnen festzuhalten und gleichzeitig auf den Weg zu achten. Beinahe wäre ich über Lotto gestolpert, der mir gespannt zusieht. Aber nicht nur Lotto sieht mir zu. Frau Böhrich hat die Gardinen ihres Fensters weit aufgezogen.

Interessiert guckt sie in den Hof und beobachtet grinsend, wie ich mich zum Affen – äh, zum Hund – mache.

Ich gebe auf.

»Na gut, wir gehen Flora besuchen«, sage ich.

Kaum habe ich das ausgesprochen, kommt Lotto freudig angelaufen. Das ist wohl interessanter für ihn als mein muffiger Tennisball. Vielleicht hofft er, dass es im Zoo-Geschäft noch andere Spielsachen gibt.

Eingebrochen oder:
Das Hundefutter ist weg!

Doch beim Zooladen erwartet uns eine böse Überraschung: Der Hundefutter-Dieb hat zugeschlagen.

Alles ist mit rotem Plastikband abgesperrt, wie im Krimi im Fernsehen. Ein Polizeiwagen steht auf dem Parkplatz. Im Laden ist ein Polizeibeamter. Herr Klein und Flora stehen neben ihm. Lotto und ich beobachten alles von der Absperrung aus.

Das gesamte Regal, in dem eigentlich das Hundefutter steht, ist leergefegt. Komplett ausgeräumt. Sonst sieht alles aus wie immer. Bis auf ein lilafarbenes, glitzerndes Verpackungspapier, das zerknüllt vor dem Regal am Boden liegt. Das hätte selbst Flora beim Aufräumen nie übersehen.

Der Polizist zückt einen kleinen Block für Notizen. Er sieht Flora streng an und fragt:

»Name?«

»Flora«, antwortet Flora.

»Nachname?«

»Flora«, antwortet Flora sachlich.

»Also Flora Flora?«, fragt der Polizist ungläubig.

Flora nickt.

»Alter?«

»37.«

»Ich habe gehört, Sie haben einen Hund?«

Flora nickt.

»Aha«, sagt der Polizist und kritzelt etwas in sein Buch. Dann wendet er sich Herrn Klein zu.

»Ist das die einzige Mitarbeiterin mit Hund?«, fragt er.

»Äh, soweit ich weiß«, antwortet Herr Klein zögernd.

»Aha«, sagt der Polizist. »Wo ist das Tier jetzt?«, fragt er weiter.

Flora stockt.

»Hier, vor der Tür! Angebunden«, rufe ich und binde Lotto ordnungsgemäß fest.

Der Polizist dreht sich um. Auf einmal wird mir ganz mulmig.

»Und wer bist du?«, fragt er überrascht.

»Das ist Theo«, antwortet Flora stattdessen. »Er wohnt gerade bei mir.«

»Ich bin Lottos Patenonkel«, sage ich und trete ein paar Schritte in den Laden hinein.

»Aha«, sagt der Polizist. Dann wendet er sich an Flora. »Gehen Sie nach Hause und nehmen Sie den Hund und den Jungen mit. Und bleiben Sie in der Stadt. Wir melden uns bei Ihnen.«

Flora bleibt verdattert vor ihm stehen.

»Bin ich jetzt verdächtig?«

»Jeder ist ein Verdächtiger«, antwortet der Beamte.

»Aber Sie dürfen natürlich trotzdem wiederkommen – ohne Kind und Hund, wenn Sie unschuldig sind«, sagt Herr Klein und fragt dann den Polizisten: »Haben Sie noch andere Verdächtige?«

Der Beamte antwortet unglücklich: »Das ist jetzt schon der vierte Hundefutter-Diebstahl und wir tappen nach wie vor im Dunklen. Ohne jeden Hinweis auf den Täter oder die Täterin. Keine Einbruchspuren, keine Fingerabdrücke. Es wird Zeit, dass wir mal einen Schritt weiterkommen.« Er kratzt sich am Kopf und steigt dann in sein Auto.

Herr Klein ruft ihm nach: »Sie erreichen mich mobil. Ich bin heute Nachmittag in meinem Garten.«

Durch die Fensterscheibe sehe ich, dass Carla mit ihrem Rad angefahren kommt. Als Flora und ich aus dem Laden kommen, eile ich zu Lotto, der immer noch brav draußen wartet. Aber er ist jetzt nicht mehr alleine. Carla hockt neben ihm und streichelt ihn. Aber kaum sieht sie mich, springt sie schon wieder auf ihr Rad und braust davon. Natürlich habe ich sie gesehen. Warum fährt sie davon? Ist es ihr peinlich, dass sie Lotto mag? Vielleicht darf man keine Ameisenbären mögen, wenn man cool ist.

Ich mache Lotto los und wir gehen mit Flora nach Hause.

»Ich bin jetzt eine Verdächtige«, sagt sie geknickt.

Zuhause geht Flora gleich in ihr Zimmer und legt sich ins Bett.

Lotto und ich bleiben im Wohnzimmer. Es ist eine Gemeinheit. Flora ist doch nicht die Hundefutterdiebin! Ich muss beweisen, dass sie unschuldig ist. Und das kann ich nur, wenn ich den wahren Dieb finde. Jetzt habe ich ja zum Glück einen Spürhund. Und mit dem kann ich meinen ersten Kriminalfall lösen und den echten Dieb aufspüren!

Lotto scheint unser erster Fall nicht sonderlich zu beeindrucken. Und Einstein auch nicht. Er schwimmt wie immer stumm in seinem Aquarium.

Aber ich grübele angestrengt und erzähle Lotto, was mir durch den Kopf geht: »Flora hat zwar einen Ladenschlüssel, trotzdem kommt sie nicht als Täterin infrage. Sie hat überhaupt kein Motiv, denn ihr Hund, also du, frisst gar kein Hundefutter. Und außerdem haben die Diebstähle ja angefangen, bevor du zu ihr gekommen bist. Aber wie beweisen wir das?«

Lotto sieht mich nur an und schüttelt sich. Ein großes Fragezeichen aus Ameisen wird sichtbar.

»Ja, ich verstehe, du weißt es auch nicht. Schon gut«, seufze ich.

Doch dann schüttelt Lotto sich noch einmal. Die Ameisen formen eine Blume.

»Was soll das heißen?«, frage ich Lotto.

Doch plötzlich verstehe ich, was das bedeuten soll: Ich

muss zu Herrn Klein und ihm sagen, dass Flora unschuldig ist. Er hat gesagt, er ist in seinem Garten.

»Mensch, Lotto. Mein Ameisen-Orakel!«, rufe ich begeistert.

Ich befolge den Ratschlag meines Ameisenorakels und mache mich auf die Suche nach dem Garten von Herrn Klein. Von Flora weiß ich, dass er einen Schrebergarten ganz in unserer Nähe hat. Also auf zu den Schrebergärten.

Im Schrebergarten oder:
Lotto frisst sich durch

Es ist schrecklich heiß heute. Lotto und ich schwitzen, als wir zu den Schrebergarten-Anlagen kommen. Davon gibt es einen Haufen in dieser Ecke der Stadt. Schrebergärten sind kleine Gärten im Quadrat. Ganz viele nebeneinander und alle ganz ordentlich. Die Gärten, an denen wir vorbeikommen, sind genauso. Sie sind voller Blumen, die fein säuberlich in Reih und Glied nebeneinander gepflanzt sind. Der Rasen drum herum ist meistens ganz kurz geschnitten. In fast jedem Garten steht auch ein kleines Häuschen.

»Da sind die Gartengeräte drin, mit denen die Blumen gequält werden«, hat Papa gesagt.

Er mag keine Schrebergärten, weil sie immer so ›zurechtgestutzt‹ aussehen. Und tatsächlich sehen die Gärten aus wie frisch frisiert. Und alle gleich. Wie soll ich hier den Garten von Herrn Klein finden?

Gut, dass Lotto dabei ist, auch wenn er ganz andere Pläne hat. Denn wo Gärten sind, sind auch Ameisen. Egal, ob frisiert oder nicht.

Lotto schnüffelt, ohne nach links und rechts zu gucken. Ich glaube, er merkt nicht einmal, dass ich noch am anderen Ende der Leine hänge. Er wird immer schneller und schneller und zieht mich einfach hinterher.

»Lotto, warte!«, rufe ich, aber Lotto hört nicht.

Er scheint überhaupt nichts mehr zu hören, sondern nur noch den Ameisen zu folgen. Und die krabbeln vom Weg geradewegs in einen der Gärten.

Ich versuche, Lotto zurückzuhalten. Doch es ist schon zu spät. Die Leine rutscht mir durch die Finger und Lotto schießt in einen besonders ordentlichen Garten, dessen Tor offen steht.

»Klein«, steht auf einem kleinen eckigen Schild. Wahnsinn, Lotto hat auf Anhieb den Garten von Floras Chef gefunden. Einfach so! Und jetzt ist er auch direkt reingelaufen.

»Nicht, Lotto! Da wohnt Floras Chef!«

Aber da hat Lotto schon begonnen, das erste Beet von Herrn Kleins Garten mit seinem Rüssel nach Ameisen zu durchsuchen. Offenbar gibt es hier ziemlich viele davon. Sie sind groß und dick. Viel größer als normale Ameisen. Leider trampelt Lotto bei seiner Ameisensuche auch die kleinen Pflänzchen nieder, die in den Beeten wachsen.

»Komm raus da!«, versuche ich, ihn aufzuhalten.

Doch da stürzt auch schon Floras Chef mit einer Katze

auf dem Arm aus dem kleinen Häuschen. Ich nehme all meinen Mut zusammen und gehe einen Schritt auf ihn zu.

»Guten Tag. Ich wollte Ihnen mitteilen –«, fange ich an.

Aber Herr Klein sieht mich gar nicht. Er fixiert Lotto und legt los.

»Hau ab, du Bestie! Meine Mimmi kriegst du nicht«, schreit er. Sein Kopf ist ganz rot vor Wut. Er greift kurzerhand die Gießkanne, die neben der Tür liegt, und schmeißt sie in Lottos Richtung. Die Katze faucht und springt blitzschnell vom Arm und rennt ins Häuschen.

Lotto erschreckt sich so, dass er seine Nase sofort aus der Erde nimmt und Herrn Klein die Ameisen im hohen Bogen entgegenschnaubt, wie mit einem Gartenschlauch.

Hektisch wischt der sich die Tierchen aus dem Gesicht und von der Kleidung. Jetzt ist er fuchsteufelswild. Er rennt an uns vorbei und blockiert das Gartentor. Lotto will fliehen und galoppiert auf das Tor zu, aber er kann nicht durch, weil da Herr Klein steht.

Panisch sieht er sich um und entdeckt mich hinter dem Gartenzaun. Ohne lange zu überlegen, rennt Lotto in meine Richtung.

»Nicht, Lotto, da ist keine Tür!«, rufe ich.

Zu spät. Lotto rennt mit Karacho gegen den Maschendrahtzaun, der jetzt eine Delle in Ameisenbär-Größe hat. Er taumelt wie betrunken zurück. Herr Klein weicht erschrocken zur Seite und gibt damit das Gatter frei. Lotto türmt torkelnd hindurch.

»Hier, Lotto!«, rufe ich und nehme meinen Freund in den Arm.

»Nimm deine Bestie gefälligst an die Leine!«, keift Floras Chef.

Wenn Herr Klein wüsste, dass die Bestie in Orakeln mit mir sprechen kann, würde er uns bestimmt bei der Polizei oder beim Tierschutz melden.

Schwindelpicknick oder:
Lotto mag nun mal keine Salami

Der Garten von Herrn Klein sieht nach Lottos Besuch nicht mehr so ordentlich aus wie zuvor. Die Blumen sind umgeknickt oder niedergetrampelt und die Erde ist ganz aufgewühlt. Außerdem ist der Zaun verbeult. Lotto ist voller Erde und Ameisen und ich muss ihn erst mal sauber machen. Dann suchen wir rasch das Weite, bevor Floras Chef noch wütender wird.

»Das nächste Mal erstatte ich Anzeige, dann kommt der Köter ins Tierheim!«, schreit Herr Klein mir hinterher.

Er kocht geradezu vor Wut. Nicht gerade tierfreundlich für den Geschäftsführer einer Zoohandlung, denke ich. Und dass er Lotto ebenfalls für einen Hund hält, obwohl er ja viel besser sieht als Flora, ist auch verwunderlich.

Dass Flora zu Unrecht verdächtigt wird und sicher unschuldig ist, konnte ich Herrn Klein allerdings nicht sagen. Da kam mein Detektivkollege mit seinem Ameisenhunger dazwischen.

Lotto ist jetzt ganz brav und trottet langsam in der Hitze neben mir her. Allerdings ist ihm nach seinem Zusammenstoß mit dem Gartenzaun offenbar ein bisschen schwindelig.

Als wir wieder auf dem Gehweg sind, läuft er in Schlangenlinien. Und plötzlich fällt er einfach um. Matt liegt er mitten auf dem Gehweg. Er atmet irre schnell, als würde er keine Luft bekommen.

»Lotto!«, rufe ich panisch und hocke mich zu ihm. »Was ist mit dir?«

Vielleicht hat er eine giftige Pflanze gefressen. Ich hab keine Ahnung, was ich jetzt machen soll. Wenn Papa da wäre, wüsste er bestimmt, welche Pflanze das war. Mit giftigem Essen kennt er sich nämlich aus, seit er einmal eine Pilzvergiftung hatte. Aber ich weiß nichts über Giftpflanzen und so bleibe ich wie erstarrt sitzen und streichle Lotto nur über das struppige Fell. Ein paar Ameisen krabbeln ihm aus dem Fell und malen eine Sonne auf den Weg.

Warum eine Sonne?

Plötzlich klingelt es hinter mir. Carla auf ihrem blöden Fahrrad! Sie macht eine Vollbremsung und pampt uns an:

»Nicht der beste Ort für ein Päuschen. Ihr versperrt den ganzen Weg!«

Trotzdem war ich noch nie so froh, Carla zu sehen. Und auch sie scheint gerade zu merken, dass etwas nicht stimmt.

»Was macht ihr denn da auf dem Boden? Ist irgendwas mit deinem komischen Tier?«

»Er ist einfach umgefallen!«, rufe ich verzweifelt. Meine Stimme zittert.

»Oh«, sagt Carla knapp.

Auf einmal klingt sie viel freundlicher. Ihre Stimme ist ganz weich und ihr Blick ist sogar besorgt. Sie schmeißt ihr Rad hin und hockt sich zu uns. Dann nimmt sie Lottos Kopf und prüft seinen Zustand. Sie macht das total professionell, guckt ihm in die Augen und aufs Zahnfleisch und fühlt seinen Puls. Wie eine Tierärztin. Ich bin ziemlich beeindruckt.

»Sein Kreislauf ist im Keller«, sagt Carla. »Wir legen ihn lieber in den Schatten aufs feuchte Gras. Hilf mir mal!«

Ohne ihr zu widersprechen, gehorche ich und gemeinsam hieven wir Lotto vom Gehweg. Er atmet schon wieder gleichmäßiger. Gott sei Dank.

Carla mag Lotto, das spüre ich. Ob sie ihn immer noch so hässlich findet? Eigentlich ist mir das egal. Hauptsache, sie ist nett zu Lotto. Als ich ihr erzähle, was im Schrebergarten passiert ist, wird sie wütend.

»So ein gemeiner Kerl! *Wir* sollten Anzeige erstatten, wegen Tierquälerei!«, fährt sie auf.

»Aber erst mal muss es Lotto besser gehen«, bitte ich.

Dazu hat Carla schon eine Idee: »Wenn mir schwindelig ist, dann hilft immer, was zu essen.«

»Gegessen hat er bei Herrn Klein genug«, sage ich.

Carla weiß ja nicht, dass Lotto Ameisen frisst. Außerdem könnte sie die Ameisen ja ohnehin schlecht einzeln vom Gehweg einsammeln.

Aber sie hört sowieso nicht auf mich.

»Alle Hunde lieben Wurst! Ich fahr schnell zum Metzger«, ruft sie und schwingt sich auf ihr Rad.

Ich habe gar keine Zeit mehr, ihr zu sagen, dass Lotto keine Wurst mag.

Ich sitze bei Lotto und streichele ihn. Es geht ihm im Schatten definitiv schon besser. Vielleicht wollte er mit der Sonne sagen, dass ihm zu heiß ist. Wahrscheinlich hat er einen Sonnenstich, da hilft auch keine Wurst. Der Arme.

Eine Sache weiß ich jetzt sicher. Lotto darf nie wieder weg von uns. Nicht zu jemand anders und schon gar nicht ins Tierheim. Da hätte er nur furchtbare Angst und bestimmt müsste er Hundefutter essen. Aber vor allem darf niemand erfahren, dass er in Wirklichkeit ein Ameisenbär ist. Sonst müsste er bestimmt nach Südamerika fliegen, wo die Ameisenbären herkommen, und da würde ihm erst recht schwindelig werden.

Außerdem hätte er mich dann ja nicht mehr. Er wäre mutterseelenallein und bestimmt furchtbar traurig.

Ich darf mir gar nicht ausmalen, wie das dann wäre.

Verstärkung oder:
Die dritte Detektivin heißt Carla

Es dauert nicht lang, da kommt Carla mit einer großen Salami zurück, die sie Lotto triumphierend entgegenhält, obwohl sie doch *Kinder*-Glück heißt und nicht *Ameisenbären*-Glück. Er schnuppert kurz daran. Aber dann wendet er sich ab und lässt seinen Kopf wieder ins Gras plumpsen. Die Wurst interessiert ihn nicht die Bohne. Wusste ich's doch! Carla schaut ein bisschen verdutzt und legt die Salami beiseite.

»Dein Haustier ist wirklich komisch. Wie ein Hund schaut es eigentlich nicht aus und außerdem hab ich noch nie einen Hund gesehen, der keine Wurst mag«, sagt sie. Ich muss grinsen.

Nachdem er mit seiner Regenwurm-Zunge etwas Tau von der feuchten Wiese geschlabbert hat, kommt Lotto wieder zu Kräften und rappelt sich auf. Seine Salami mag er immer noch nicht, andere Tiere scheinen sich dafür aber umso mehr zu interessieren. Und diese anderen wiederum findet Lotto ausgesprochen lecker: Ameisen! Die kleinen Tiere krabbeln in einer langen Straße zu unserem Ausruhplatz. Lotto hat sie sofort entdeckt und augenblicklich

werden seine Lebensgeister geweckt. Er springt auf und folgt der Ameisenstraße bis zu einem Baum. Die Ameisen krabbeln den Stamm entlang und Lotto steht einfach unten am Baum und hält seinen Mund (also seinen Rüssel) daran.

Carla steht staunend neben ihm. Nach einer Weile fällt auch bei ihr der Groschen: »Lotto ist ein Ameisenbär.« Carla ist vollkommen baff.

»Verrat es bloß keinem«, fahre ich sie an.

Für einen Moment habe ich wirklich Angst, dass Carla alles ruiniert.

Sie schüttelt den Kopf. Und dann will sie alles ganz genau wissen. Wo ich ihn gefunden habe. Wo er wohnt. Was er frisst. Sogar, wie er kackt. Ich erzähle ihr alles. Auch vom Freitagabend-Club und den Verdächtigungen gegen Flora und dass ich jetzt einen Spürhund habe und unbedingt den echten Hundefutter-Dieb finden muss. Carla will bei den Ermittlungen dabei sein. Und ich bin einverstanden. Jetzt sind wir also drei Detektive. Lotto, Carla und ich. Nur von den Kartons im Taxi ihres Vaters erzähle ich ihr lieber nicht.

Carla ist ehrlich beeindruckt. Eine Weile gucken wir Lotto beim Fressen zu und schweigen. Dann sagt sie:

»Tut mir leid, dass ich gesagt habe, Lotto ist hässlich.«

Ich zucke mit den Schultern. »Schon gut«, sage ich. »Dafür hast du ihn heute gerettet.«

Sie lächelt. »Ich will ja auch mal Tierärztin werden.«

Doch ehe ich ihr sagen kann, wie cool ich das finde, sagt sie schnell: »Die Wurst kannst du übrigens haben. Ich bin Vegetarierin.«

Ich nehme sie für Papa mit – als Willkommensgeschenk, wenn er zurückkommt. Er liebt Salami und dass da schon die Ameisen drauf waren, muss er ja nicht wissen.

Auf dem Nachhauseweg läuft Lotto keine Schlangenlinien mehr. Stattdessen geht er brav an der Leine neben uns her. Beinahe zu brav.

Als wir zu Hause angekommen sind, winkt Flora schon aus dem Fenster, wo sie mit ihrem Opernglas, das Papa und ich ihr geschenkt haben, nach uns Ausschau hält. Sie hat sich Sorgen gemacht. Auch Carla muss schnell nach Hause.

»Sonst gibt es Ärger«, sagt sie. »Wir sehen uns morgen zum Detektivtreffen!«

Ich glaube, sie war noch nie so nett zu mir.

Flora freut sich, Lotto und mich zu sehen. Aber Lotto verzieht sich sofort unter seinen Tisch, obwohl es noch gar nicht spät ist. Er bleibt auch dort, während wir Abendessen machen und essen. Erst als Flora ihm seine Milch in die Schüssel kippt, springt er aus seiner Höhle und schlabbert die ganze Schüssel auf einmal leer. Und dann noch eine. Und noch eine.

»Ich glaube, Lotto hatte Durst«, sagt Flora.

»Es war ja auch richtig heiß heute«, sage ich.

Von unserem Ausflug zu Herrn Klein erzähle ich ihr lieber nichts.

Detektiv-Geheimnis.

Überprüfung der ersten Verdächtigen oder:
Beschattung ohne Erfolg

Am nächsten Tag treffen ich und Lotto uns wie vereinbart mit Carla. Der Hundefutter-Fall hat sie neugierig gemacht: Sie will Lotto und mir helfen und gemeinsam sind wir nun schon drei Detektive. Unser erstes offizielles Treffen beginnt und wir beratschlagen, was wir als Nächstes tun.

»Wer kommt auf die Idee, Hundefutter zu klauen?«, frage ich.

Carla überlegt.

»Hundefutter klaut nur derjenige, der dafür Verwendung hat!«, antwortet sie.

Ich sehe sie zweifelnd an. »Das ist doch logisch.«

»Und jetzt überleg doch mal! Wer braucht denn Hundefutter?«

Ich zögere. »Hunde?«

»Genau!«

»Du meinst, Hunde haben das Futter gestohlen?«

Carla schüttelt den Kopf. »Nein, natürlich nicht. Aber vielleicht Hundebesitzer.«

Allmählich verstehe ich, worauf sie hinauswill. Aber ich kenne nur eine Hundebesitzerin: Frau Böhrich aus dem Erdgeschoss. Sie hat einen Hund, wenn auch einen ziemlich kleinen, und sie hat eine große Einkaufstasche mit Rollen. Aber Diebstahl überall in der Stadt? Das kann ich mir bei der alten Dame nur schwer vorstellen.

Carla will ihr trotzdem folgen.

»Wenn wir sie beschatten, dann wird sie sich von selbst verraten!«, sagt sie.

Frau Böhrich beschatten, heißt: am nächsten Morgen entsetzlich früh aufstehen. Um halb sieben Uhr macht sie ihre erste Runde mit Rocky. Als ich mich müde mit Lotto runter in den Hof schleppe, ist Carla schon da. Und putzmunter.

»Wir müssen uns verstecken, damit sie uns nicht entdeckt!«, ordnet sie an.

Wir verschwinden im Gebüsch und beobachten, wie Frau Böhrich sich sehr langsam mit ihrem Rollator den Weg entlangschiebt. Rocky zerrt wie verrückt an der Leine und schließlich lässt sie ihn laufen. Natürlich riecht er Lotto und folgt seiner Spur.

»Komm schnell, bevor er uns findet!«, sagt Carla und zerrt uns aus dem Gebüsch zu den Mülltonnen um die Ecke. Gerade noch rechtzeitig, bevor Rocky kläffend im Gebüsch auftaucht. Aber dann ist sein Spaziergang schon wieder zu Ende. Frau Böhrich bläst in ihre kleine Pfeife und er läuft sofort zu ihr. Dann leint sie ihn wieder an und dreht mit ihrem Rollator ganz langsam um. Armer Rocky.

Wir machen noch eine Frühstückspause am Ameisenfelsen, besser gesagt, Lotto macht das. Carla und ich gehen danach zum Bäcker, um eine Streuselschnecke zu frühstücken.

Später folgen wir Frau Böhrich noch zum Friseur und zur Fußpflege. Rocky muss überallhin mit. Ob ihm das Spaß macht? Ich finde es total öde.

Erst am Nachmittag wird es interessant, denn da kommt ein Lieferdienst und klingelt bei Frau Böhrich. In der Einfahrt steht ein schwarzer Lieferwagen, auf den ein goldener Hund gemalt ist. »Erste Klasse Hund. Frischfleisch – Lieferdienst«, steht darüber. Der Lieferant steigt aus. Er hat keine Haare, aber dafür einen Schokoriegel im Mund. Carla, Lotto und ich schleichen ihm nach, als er ins Haus hineingeht, und verstecken uns unter der Treppe. Zwei große Tüten trägt der Mann zu Frau Böhrichs Tür.

»Nierchen gibt es erst wieder nächste Woche. Seit diesen Hundefutter-Diebstählen sind die Leute ganz verrückt nach Frischfleisch für ihre Hunde«, erzählt der Mann stolz. »Soll ich die Sachen in ihren Keller bringen?«

»Ja, das wäre nett. Hier ist der Schlüssel. Vielen Dank«, sagt Frau Böhrich.

Der Liefermann läuft schnell nach draußen, wo die Treppe in den Keller ist.

Kurz darauf kommt er zurück. Er gibt Frau Böhrich den Schlüssel zurück. Dann holt er etwas Braunes, Verschrumpeltes aus seiner Tasche und sagt zu Rocky: »Ich hab dir extra ein Schweineohr zum Knabbern mitgebracht, mein Süßer.«

Ich stelle mir vor, wie Rocky das Ohr frisst, echt eklig. Oh Mann, bin ich froh, dass Lotto nur Ameisen frisst.

Dann höre ich Geldscheine knistern.

»Vielen Dank! Und bis zum nächsten Mal«, sagt Frau Böhrich.

»Auf Wiedersehen! Und nicht vergessen, alles schön kühl halten! Das ist echtes Fleisch, keine Dosen!«

Mit diesen Worten verabschiedet sich der Lieferant und geht.

Als der Wagen weggefahren ist, laufen wir zum Keller. Jemand hat einen Korken in die Tür geklemmt, damit sie nicht zufällt. Interessant. Aber kein Hinweis auf den Diebstahl. Der Keller ist so gut wie leer.

»Wenn Rocky frisches Fleisch gefüttert bekommt, dann braucht Frau Böhrich gar kein Dosenfutter«, gibt Carla zu bedenken.

»Außerdem kann sie kaum laufen und bestimmt nicht Unmengen an Hundefutter-Dosen tragen. Nicht mal in ihrer großen Einkaufstasche«, ergänze ich.

Ich denke wieder an die großen Kartons im Taxi von Carlas Papa. Da würden jede Menge Dosen reinpassen. Aber ich hab Carla immer noch nichts davon erzählt.

Lotto stupst mich an und zeigt auf ein Ameisenbild am Boden. Eine Tür? Ich verstehe nicht, was er damit sagen will. Noch nicht.

Auf jeden Fall ist klar, dass Frau Böhrich unschuldig ist. Die Detektive sind gefragt. Wir müssen einen neuen Verdächtigen mit Hundefutter-Appetit finden!

Überhaupt keine Beschattung
oder: Der längste Spaziergang, den ich je gemacht habe

»Wir müssen anders an die Sache rangehen«, sage ich.

Carla nickt.

»Du hast recht«, antwortet sie und überlegt. Dann hat sie eine neue Theorie: »Wenn der Täter keinen Hund hat, für den das Futter ist, will er vielleicht gar nicht, dass es Hunde fressen, weil er keine Hunde mag.«

Ich überlege. »Herr Klein, der mag nur Katzen«, sage ich.

»Dann ist er unser Mann!«, ruft Carla. »Er hat auch einen Ladenschlüssel – verdächtig. Wir müssen ihn beschatten!«

»Aber es wurde doch auch noch in den anderen Läden eingebrochen«, wende ich ein.

Carla hört mir jedoch nicht mehr zu. In ihr ist das Detektivfeuer entbrannt. Sie läuft sofort los in Richtung Zooladen. Lotto und ich gucken ihr ziemlich belämmert nach. Dann laufen wir hinterher.

Als wir völlig aus der Puste den Parkplatz des Zooladens erreichen, kommt uns Herr Klein in seinem Auto entgegen. Er fährt gerade vom Parkplatz auf die Straße. Mist. Während Lotto und ich noch verschnaufen, will Carla schon wieder hinterherlaufen.

»Los, sonst verlieren wir ihn!«

Aber ich schüttele den Kopf. Ich bin immer noch ganz außer Atem. Carla sieht mich verständnislos an.

»Was ist? Willst du ihn entkommen lassen?«

»Er ist mit dem Auto viel zu schnell«, keuche ich.

Und jetzt? Ich hab keinen Plan, was wir machen sollen.

Aber Carla hat schon eine neue Idee: »Wir nehmen den Bus!«

Und tatsächlich hält genau in diesem Moment ein Bus an der Haltestelle gegenüber. Carla rennt los.

»Wir wissen doch gar nicht, wo Herr Klein hinfährt«, wende ich ein.

Aber Carla hört nicht auf mich. Sie läuft einfach weiter, zerrt mich am T-Shirt und Lotto an der Leine über die Straße und in den Bus.

Der Fahrer interessiert sich weder für uns noch für Lotto. Aber leider ist der Bus nicht so leer, wie wir gehofft hatten. Wir bekommen keinen Sitzplatz, sondern müssen mit Lotto im Gang stehen. Die Leute gucken komisch.

»Hat das Vieh keinen Maulkorb?«, fragt eine Stimme hinter uns. Sie gehört einer zerknitterten Frau mit Hut.

»Unser Tier hat ja nicht mal Zähne«, antwortet Carla sachlich.

Die Frau rümpft die Nase. »Aber dafür gefährliche dreckige Krallen!«

Ich gucke auf Lottos Füße. Ich finde nicht, dass seine Krallen gefährlich aussehen und auch nicht dreckig. Ich habe sie nämlich nach seinem Gartenausflug gestern extra noch sauber gemacht. Außerdem würde dagegen auch kein Maulkorb helfen, höchstens Pfotenschuhe.

An jeder neuen Station steigen noch mehr Menschen ein. Es wird total eng und Lotto hat kaum Platz zum Stehen. Er ist ja nicht gerade klein und so ein Bus ist nicht für Ameisenbären gemacht.

Als der Busfahrer eine Bremsung macht, werden wir ordentlich herumgeschüttelt und ein Mann steigt Lotto aus Versehen auf den Schwanz. Lotto quiekt laut auf vor Schreck. Es ist das erste Mal, dass ich überhaupt höre, wie er ein Geräusch macht. Es fährt mir durch Mark und Bein. Auch die anderen Leute starren Lotto wie versteinert an. Der Busfahrer hält den Bus an, guckt nach hinten und erst jetzt bemerkt er Lotto, Carla und mich richtig.

»Ihr müsst den Bus verlassen«, sagt er zu uns.

Er ist nicht unfreundlich, aber bestimmt.

»Aber Lotto ist vollkommen harmlos«, bittet Carla.

Der Busfahrer seufzt. »Es tut mir leid. Aber Vorschriften sind nun mal Vorschriften. Hunde müssen im Bus Maulkorb tragen.«

»Und wenn er gar kein Hund wäre?«, frage ich zögernd.

»Dann dürfte er sowieso nicht mitfahren«, antwortet der Mann.

Jetzt meldet sich die zerknitterte Frau zu Wort.

»Haut schon ab mit dem Köter, ihr Rotzgören, sonst beißt er noch jemanden.«

Der Busfahrer sieht uns bittend an und wir steigen aus. »Wenn es nach mir ginge, könntet ihr weiterfahren«, flüstert er uns zu, als wir an ihm vorbei zur Tür gehen und aussteigen.

Kurz darauf fährt der Bus weiter. Ohne uns.

»Heute haben wir kein Glück«, seufze ich und kicke nach einem Stein.

Aber Carla ist nicht zu entmutigen: »Zu Fuß zu gehen, ist ohnehin gesünder.«

»Aber Herr Klein ist längst über alle Berge«, sage ich frustriert. »Das war die kürzeste Beschattung der Welt.«

»Dann beschatten wir ihn eben morgen weiter«, sagt Carla. »Komm, wir spazieren zurück.«

So ein nettes Angebot kann ich natürlich nicht ausschlagen. Wir gehen und gehen. Aber der Spaziergang dauert viel länger, als wir gedacht haben.

Wir wollen nur noch nach Hause.

An einer Kreuzung machen wir halt. Aber welche Straße führt nach Hause?

»Hier lang«, sagt Flora und zeigt in eine Richtung.

Doch ich bin unsicher.

»Das kann nicht der richtige Weg sein. Die Buslinie geht da lang!«, sage ich und zeige in eine andere Richtung. »Lass uns lieber diese Straße nehmen.«

Doch auch dieser Weg kommt uns nach kurzer Zeit unbekannt vor. Carla lässt sich auf den Boden sacken.

»Das ist auch nicht richtig. Ich glaube, wir haben uns verlaufen«, jammert sie.

Auf einmal ist sie gar nicht mehr so abenteuerlustig, sondern ziemlich entmutigt. Und sie hat recht. Wir haben tatsächlich keine Ahnung, in welche Richtung wir gehen müssen. Wenn Papa jetzt hier wäre, wüsste er, wo es langgeht. Er findet immer den Weg.

Doch da kommt plötzlich Lotto zu mir und stupst mich an. Er hat auf dem Boden ein Ameisenbild gemalt: Es ist ein Pfeil! Kein Zweifel, Lotto zeigt uns den Weg. Jetzt kann uns nichts mehr passieren. Ich springe auf.

»Wir müssen da lang!«, rufe ich und zeige nach links.

Carla sieht nicht auf.

»Ja, das haben wir schon mal gedacht«, meint sie mutlos.

»Nein, jetzt weiß ich es sicher!«, sage ich. »Lotto hat es mir gesagt!«

Jetzt guckt Carla mich zweifelnd an. Natürlich glaubt sie mir kein Wort.

»Lotto hat es dir gesagt?«, fragt sie nach.

»Er hat mir die Richtung gezeigt!«, versuche ich, sie zu überzeugen.

Carla hat offenbar Zweifel an meinem Verstand und Mitleid mit mir.

»Lotto? – Na gut, wenn du meinst …«

Dabei belasse ich es. Dass Lotto ein Ameisenbär ist, war schon Überraschung genug für sie. Von dem Orakel erzähle ich ihr jetzt lieber doch noch nichts. Hauptsache, wir finden nach Hause. Meine Beine sind schwer wie Betonklötze.

Wir machen uns auf und finden dank Lotto endlich den Weg. Auch wenn es beinahe zehn ist, als wir ankommen, und Carla bestimmt Ärger mit ihren Papas bekommt. Flora erwartet mich und Lotto dagegen gut gelaunt – mit einer Pizza für mich und einer Schüssel voll Milch für Lotto. Während wir essen, erzähle ich ihr von unserem Ausflug: Unsere Beschattung war zwar der totale Reinfall, aber dafür hatte Lotto einen extra langen Gassi-Spaziergang.

Der zweite Verdächtige oder:
Carla ist mächtig sauer

Lotto und ich erholen uns den ganzen nächsten Tag von unserem Ausflug. Lotto schläft bis nachmittags und will nicht mal für einen Ameisen-Snack nach draußen. Würde ich nicht sein zufrieden säuselndes Schnarchen unter dem Tisch hören, würde ich mir wirklich Sorgen um ihn machen. Aber so fläze ich mich auch wieder aufs Sofa. Nicht mal Carla kommt, obwohl sie eigentlich vorbeischauen wollte.

Als Lotto und ich Flora abends von der Arbeit abholen, warten wir mit etwas Abstand vor dem Laden, bis Feierabend ist. Ich habe keine Lust auf ein weiteres Treffen zwischen Herrn Klein und Lotto. Auch wenn es eigentlich meine Detektivpflicht wäre, Beweise zu sammeln.

Statt Beweisen sammelt Lotto vereinzelte Ameisen auf dem Parkplatz. Genauso große, dicke wie in Herrn Kleins Garten. Sie scheinen besonders lecker zu sein, denn er hat schnell alle aufgesaugt.

Kurz darauf fährt das Taxi von Thommy auf den Parkplatz. Carla sitzt auch darin, hat uns gleich entdeckt und springt aus dem Wagen, während Thommy im Zoogeschäft verschwindet.

»Hey, beschattet ihr unseren Verdächtigen? Ich kann heute leider nicht, Tobi ist total sauer wegen gestern«, sagt sie zu uns. »Außerdem streiten sich Thommy und Tobi die ganze Zeit. Das ist total bescheuert«, fügt sie unglücklich hinzu.

»Das machen doch alle Eltern«, tröste ich sie.

Und es stimmt, sogar meine Eltern haben sich gestritten. Auch wenn Papa das nicht gerne zugibt.

»Warum streiten sie sich denn?«, frage ich.

Carla zuckt mit den Schultern.

»Weiß ich doch nicht«, sagt sie und schnieft. »Als ob es nicht schon schwer genug wäre, zwei Väter zu haben.«

»Ich dachte, es wäre voll cool?«

Carla schnieft noch einmal. »Meistens schon, aber manchmal ist es total blöd!«

Es ist ein bisschen gemein, aber irgendwie tut es gut zu hören, dass bei Carla auch nicht immer alles cool ist. Trotzdem tut sie mir leid.

»Keine Sorge, das wird bestimmt wieder«, tröste ich sie.

Und dann sagt sie: »Weißt du, ich hab mir auch immer einen Hund gewünscht.«

Im gleichen Moment ruft Thommy aus dem Zooladen:

»Carla! Komm mal und hilf mir tragen!«

Carla läuft zu Thommy, die Autotür lässt sie offen. Er kommt ihr mit einem großen Karton entgegen. Ich traue meinen Augen nicht. Es ist genau so einer, wie ich ihn schon

neulich in Thommys Taxi gesehen habe: eine Pappkiste für Hundefutter!!! Carla räumt den Rücksitz frei und Thommy stellt die Kiste ins Auto. Ich sehe Carla entgeistert an.

»Was ist?«, fragt sie.

Ich zeige auf das Hundebild darauf: »Hundefutter!«

Carla ist empört. »Willst du etwa sagen, dass Thommy …«

Ich schüttele den Kopf. »Nein, ich hab nur gedacht … weil neulich auch so viele dieser Kartons im Auto waren«, stammele ich.

Dann öffnet Carla wortlos die Kiste. Darin ist kein Hundefutter, sondern nur Körner für Vögel und ein eingepacktes Vogelhaus, das Thommy eingekauft hat.

»Zufrieden? Wir wollen ein Vogelhaus auf dem Balkon aufstellen.«

Jetzt kommt auch Thommy zu uns.

»Hallo Theo. Was ist denn los?«, fragt er.

»Nichts«, sagt Carla schnell. »Theo wollte gerade gehen.«

Ihre Stimme ist eiskalt.

Ich frage Thommy trotzdem: »Warum sind die Sachen denn in einer Hundefutter-Kiste?«

»Weil die leeren Kartons weggeschmissen werden und sehr praktisch beim Einkaufen und zum Transportieren sind«, antwortet er und steigt ins Auto.

»Ach so«, sage ich.

»Grüß deinen Papa, wenn er wiederkommt!«

Ich nicke. Carla setzt sich auf den Rücksitz und sieht mich nicht an.

Ich versuche trotzdem, sie zu versöhnen, und zische ihr zu: »Der Hundefutter-Dieb ist Thommy sicher nicht. Wir müssen aber unbedingt weiter ermitteln.«

Carla guckt mich immer noch nicht an, sondern sagt kühl: »Das musst du alleine machen.«

»Alleine?«

»Ich hab keine Zeit. Wir machen ein Väter-Tochter-Wochenende.«

Dann schmeißt sie mir die Autotür vor der Nase zu und Thommy fährt los.

Lotto und ich sehen ihnen nach. Jetzt sind wir wieder allein und so planlos wie vorher. Und Carla ist sauer. Mist.

Der Supersauger oder:
Wie Lotto Floras Chef beeindruckt

Nachdem alle Mitarbeiter und Kunden aus der Zoohandlung gegangen sind, stellen Lotto und ich uns vor die gläserne Eingangstür. Als sie sich öffnet, schreckt Lotto zurück.

»Das ist nur die Automatik«, beruhige ich ihn.

Und da kommt auch schon Flora auf uns zu. Im Arm trägt sie etliche Tütchen mit Fischfutter.

»Für Einstein! Ein Sonderangebot«, flötet sie uns entgegen. Doch dann passiert es. Weil Flora so freudig ruft, denkt Lotto, sie begrüßt ihn. Er reißt sich von der Leine los und läuft ihr begeistert entgegen. Als sie schon fast aus dem Laden raus ist, macht er einen Satz und springt an ihr hoch. Aber darauf ist Flora nicht vorbereitet. Unter Lottos kräftigen Vorderbeinen knickt sie ein und fällt zu Boden. Und mit ihr die ganzen Fischfutter-Packungen. Lotto landet mit voller Wucht darauf, sodass die Tütchen aufplatzen und tausend kleine Flocken über den Boden zwischen den Regalen verstreut werden. Es sieht aus wie Haferflocken-Schnee. Flora setzt sich auf. Bis auf eine kleine Schramme an der

Wange, die Lotto ihr mit seiner Kralle verpasst hat, ist ihr zum Glück nichts passiert. Aber sie sitzt in einem Berg Fischfutter. Lotto leckt ihr freudig übers Gesicht.

»Hallo mein Kleiner, ich freue mich auch. Aber bevor wir gehen können, müssen wir das erst mal aufräumen«, sagt sie und streichelt Lotto.

»Warte, ich helfe dir hoch«, sage ich zu Flora.

Aber dann kommt Herr Klein. »Wie sieht es denn hier aus?«, nörgelt er und baut sich vor ihr auf. »Ich erwarte, dass morgen alles wieder blitzblank ist!«

Flora schrumpft in sich zusammen, obwohl sie ja ohnehin noch am Boden hockt. Oh Mann, Herr Klein kann echt gemein sein. Während ich Flora beim Aufstehen helfe, fängt Lotto schon mal mit dem Saubermachen an. Auf seine ganz spezielle Art. Er legt die Nase auf den Boden und beginnt zu schnüffeln. Aber nicht nach Ameisen, sondern nach Fischflocken. Und dann saugt er die krümeligen Flocken auf. Eine nach der anderen. Herr Klein sieht ihm staunend zu.

»Das ist ja ... die Bestie ...«, stottert er überrascht.

Als Lotto fertig mit dem Fischfutter-Saugen ist, ist Herr Klein ganz aus dem Häuschen.

»Alles sauber! Unfassbar!«

Und dann fragt er mich ganz beiläufig: »Sag mal, könnte deine Bestie auch Ameisen wegsaugen?«

Ich erschrecke.

»Wieso Ameisen?«, frage ich zögernd.

»Ach nur so«, winkt er ab. »Dumme Idee von mir.«

Und dann sagt er zu Flora: »Machen Sie Schluss für heute und gehen Sie mit Ihrem Wundertier nach Hause.«

Er schüttelt noch mal fassungslos den Kopf. Mit einem Arm voll Futterdosen verlässt er den Laden.

»Puh, den sind wir los!«, atme ich auf. »Hast du die Dosen gesehen?«

»Die sind für seine Katze«, sagt Flora.

»Hundefutter?«, frage ich erstaunt.

Aber Flora ist so erleichtert, dass es keinen Ärger gegeben hat, dass ihr alles andere egal ist. Auch ohne Ärger wird der Abend noch spannender werden, als wir dachten.

Der dritte Verdächtige oder:
Kolossale Unordnung

Vom Fischfutter ist kein Fitzelchen mehr im Zooladen zu finden, aber Lotto riecht offenbar noch etwas anderes, was ihn interessiert. Er nimmt eine Fährte auf und die führt direkt zu Herrn Kleins Büro. Seltsam.

Ich öffne die Tür. Auf Zehenspitzen gehe ich hinein, weil es ja verboten ist, wie ein großes Schild mir mitteilt. Auch wenn niemand da ist, der es bemerken könnte. Lotto läuft geradewegs zu dem Lüftungsgitter, das aus der Wand gefallen ist. Aber da ist natürlich nichts.

Seltsamerweise sieht das Büro gar nicht wie ein Büro aus, eher wie ein Labor. Es gibt überhaupt keine Regale mit Aktenordnern oder einen Computer, stattdessen prangt auf dem Schreibtisch ein großer Glaskasten mit Erde drin. Ein Terrarium. Aber kein Tier ist zu sehen. Der Kasten ist leer. Nur ein kleines Schüsselchen mit einer braunen Masse steht darin. Keine Ahnung, was das für ein Zeug ist. Aber als Lotto im Mülleimer wühlt, weiß ich es. Dort liegt eine Dose Hundefutter. Sie ist fast ganz leer, unzählige dicke Ameisen klettern an den Resten herum. Lotto verputzt sie sofort.

Warum hat Herr Klein eine leere Hundefutter-Dose in seinem Papierkorb? Vielleicht die letzte im Laden, außer denen, die er vorhin mitgenommen hat. Und wenn er die hat, dann hat er vielleicht auch alle anderen. Gestohlen? Aber warum? Er hat ja nicht mal einen Hund. Auf jeden Fall ist die Dose ein Indiz, das Herrn Klein zu unserem neuen Hauptverdächtigen macht!

Natürlich erzähle ich das Flora sofort. Sie hat vor der Bürotür auf uns gewartet, wollte aber partout nicht ins Büro kommen. Jetzt sorgt sie sich um Lotto, der ein bisschen schlapp wirkt: »Hoffentlich bekommt er keine Bauchschmerzen von all dem Fischfutter. Er ist doch gar kein Fisch.«

»Auf jeden Fall ist er satt«, sage ich.

Wir brauchen viel länger als sonst nach Hause. Lottos Bauch ist so voll Fischfutter, dass er nur sehr langsam laufen kann. Die Treppe müssen wir ihn hochtragen, mit seinem dicken Bauch wiegt er fast doppelt so viel. Zumindest fühlt es sich so an. In der Wohnung schleppt er sich in seine Höhle unter dem Tisch und schläft sofort ein. Weil wir kein Fischfutter mehr haben, bekommt Einstein ein paar Krümel von unseren Butterbroten ab. Natürlich ohne die Butter.

Nach dem Essen geht Flora ins Bett und ich lege mich mit meiner Decke aufs Sofa, dort ist mein Schlafplatz, solange ich bei Flora wohne. Aber heute kann ich lange nicht

einschlafen, denn ich grübele wegen Herrn Klein. Ob er wirklich geglaubt hat, dass Lotto ein Hund ist? Hoffentlich. Aber wahrscheinlich denke ich mal wieder zu viel nach. Das sagt Papa auch immer: »Du machst dir mehr Sorgen als die meisten Erwachsenen. Sei doch einfach mal albern!« Und dann macht er oft eine lustige Grimasse. Wahrscheinlich, damit ich weiß, wie »albern sein« geht.

Auf einmal vermisse ich Papa schrecklich. Seine verrückten Ideen, seine scheußlichen Rühreier und seine festen, lieben Umarmungen. Wenn er jetzt da wäre, würde er mir bestimmt Regenwürmer in Sauce kochen. Und wie gerne hätte ich jetzt einen sauren Frosch. Wann kommt er endlich zurück?

Und dann entscheide ich: Heute Nacht will ich in meinem Bett in unserer Wohnung schlafen. Lotto schnarcht friedlich unter dem Tisch und Flora lege ich einen Zettel hin. Dann schnappe ich mir die Decke und gehe hinauf. Unsere Wohnung sieht aus wie immer, nur total still und leer. Aber gemütlich. Ich kuschele mich in Papas Bett und ziehe die Decke ein Stückchen höher.

»Gute Nacht Papa«, flüstere ich.

Und dann mache ich eine wirklich alberne Grimasse und kann sofort einschlafen.

Die Entführung oder: Lotto ist verschwunden!

Am nächsten Tag will ich Carla gleich von Herrn Klein und meinen neuen Ermittlungen berichten, vielleicht versöhnt sie das. Lotto bleibt in Floras Wohnung, damit Tobi nicht sagt, dass er hässlich ist und stinkt. Aber als ich bei Carla zu Hause klingele, öffnet niemand. An der Tür hängt ein hübsch bemaltes Schild mit der Aufschrift »Väter-Tochter-Wochenende«.

Ob Carla noch sauer ist? Ich gucke, ob ich Thommys Taxi irgendwo sehe, aber es ist nicht da. Vor unserem Haus steht allerdings der Lieferwagen von »Erste Klasse Hund«. Braucht Rocky etwa schon wieder neues Futter?

Ohne mit Carla gesprochen zu haben, gehe ich zurück zu Lotto. Aber als ich Floras Wohnungstür aufschließen will, ist sie nicht geschlossen, sondern steht weit offen. Seltsam, denke ich und gehe hinein. Flora ist schon auf der Arbeit. Sie muss die Tür aus Versehen nicht richtig zugemacht haben. Mich begrüßt auch kein Lotto. Niemand antwortet auf mein Rufen. Lotto ist nicht im Wohnzimmer, nicht in der Küche oder anderswo in der Wohnung. Und auch als ich ins Wohnzimmer komme, ist da kein Lotto. Ich laufe hektisch auf den Hof. Aber auch da ist Lotto nicht.

Verzweifelt setze ich mich auf den Ameisenfelsen. Wo kann er nur sein? Ich war doch nur ganz kurz weg, wie kann er denn in der Zeit verschwinden? Er ist noch nicht mal eine Stunde weg und mein Leben ist schon schrecklich traurig ohne ihn.

Ich habe eine böse Ahnung. Wenn ein Tier spurlos verschwindet, bleibt nur eine Antwort: Es wurde entführt!

Ich suche überall nach ihm. Ich gucke im gesamten Hof, hinter jeden Mülleimer und in jedes Gebüsch. Als mir Frau Böhrich mit Rocky begegnet, frage ich sie, ob sie Lotto gesehen hat. Nichts. Schließlich laufe ich noch mal zu Carla und klingele Sturm. Diesmal macht sie kauend die Tür auf.

»Wir essen gerade. Was willst du?«, schmatzt sie mir entgegen.

»Es ist ein Notfall«, sage ich.

Aber Carla schüttelt den Kopf. Sie zeigt auf das selbstgemalte Schild an der Tür. Ich fasse es nicht.

»Aber Lotto ist weg!!«

Sie zuckt nur mit den Schultern und sagt: »Bestimmt ist er schon wieder zu Hause.«

Dann macht sie einfach die Tür zu.

Aber so leicht wird sie mich nicht los.

Carla ist ziemlich erstaunt, als ich erneut klingele.

»Ich hab dir doch gesagt ...«

»Jaja, Väter-Tochter-Wochenende. Aber das hier ist ein echter Notfall. Lotto wurde entführt!«, antworte ich entschieden.

Ich kann gar nicht glauben, dass Carla so

DING DONG DÖNG

egal ist, ob Lotto verschwunden ist! Dabei mag sie ihn doch auch total gerne!

In dem Moment kommt Thommy das Treppenhaus raufgestapft. Obwohl Carla doch behauptet hat, dass sie heute Väter-Tochter-Wochenende haben. Und alle drei zusammen *daheim* sind und nicht irgendwo anders.

Jetzt bin ich derjenige, der staunt. Thommy bittet mich in die Wohnung und ich gehe mit rein. Und dann staune ich noch viel mehr.

Carla steht verdruckst im Flur und guckt betreten zu Boden. Thommy sieht sie ernst an.

»Lotto *war* hier …«, windet sie sich. »Wegen mir.«

Ihre Augen füllen sich mit Tränenpipi.

»Wie, wegen dir?«, frage ich.

Und dann sprudelt es aus ihr heraus: »Thommy hat mir als Überraschung zum Väter-Tochter-Wochenende einen Hund versprochen, aber ich wollte nicht irgendeinen Hund. Ich wollte nur Lotto. Als ich morgens vom Bäcker gekommen bin, habe ich Lotto im Hof bei seinem Ameisenfelsen gesehen. Und weil er ganz alleine war und du nirgends zu sehen, hab ich ihn einfach mitgenommen. Aber in der Wohnung hat Thommy gleich gesagt, dass ich Lotto sofort zurückbringen muss. Das habe ich auch gemacht, besser gesagt, versucht. Aber Lotto ist dabei entwischt, ich hatte ja keine Leine. Wir haben ihn alle drei gesucht. Deswegen war auch niemand zu Hause.«

»Aber leider haben wir ihn auch nicht gefunden«, sagt jetzt Thommy bedauernd.

»Und ich bin schuld, dass Lotto verschwunden ist …«

Jetzt heult Carla wie ein Schlosshund.

Und jetzt ist nicht mehr *sie* wütend, sondern *ich* bin es. Und zwar richtig. Obwohl sie ja nicht wirklich was dafür kann, dass Lotto weg ist. Aber das ist mir egal.

»Du hast doch schon zwei so coole Papas, da brauchst du doch nicht noch meinen hässlichen Ameisenbären«, fahre ich sie an.

Sie sieht mich erschrocken an.

»Nein! Das stimmt doch gar nicht! Ich hab doch …«, will sie erklären. Ihre Stimme ist jetzt ganz dünn.

Aber ich schreie. Obwohl ich eigentlich nie schreie.

»Für mich ist Lotto mehr als ein Haustier! Er ist mein bester Freund. Papa ist nie zuhause und Flora ist eben Flora! Und Lotto ist alles, was ich habe!«

Dann drehe ich mich um und laufe davon. Carla sieht mir unglücklich hinterher.

Lottos Blume oder:
Eine Botschaft für mich

Alleine mache ich mich auf die Suche. Zuerst erneut im Hof. Doch weder am Ameisenfelsen noch bei den Mülltonnen versteckt Lotto sich. Ich entscheide mich, die Suche auszudehnen, und laufe wieder zum Zoogeschäft. Heute ist nicht viel los und der Parkplatz fast leer. Zum Glück, denn das heißt: weniger Möglichkeiten für Lotto, sich zu verstecken. Trotzdem ist er nirgendwo zu sehen. Ich lasse mich auf den Bordstein sacken und vergrabe mein Gesicht in den Händen. Alles scheint aussichtslos.

Plötzlich ist jemand hinter mir und fragt: »Gibst du auf?«

Es ist Carla. »Willst du ihn etwa ganz alleine lassen? *Deinen* Hund.«

Sie weint nicht mehr, sondern guckt mich klar und fest an.

»Natürlich nicht. Aber was soll ich denn machen, ich kann ihn ja nicht zurückzaubern!«, pampe ich. »Außerdem ist es deine Schuld, dass er weg ist!«

»Das stimmt nicht. Ich wollte Lotto zurückbringen!«, erklärt Carla.

»Und wo ist er dann?«, antworte ich barsch und muss daran denken, wie ängstlich Lotto alleine ist.

Carla sieht mich kleinlaut an. »Wenn ich das wüsste. Aber ich helfe dir, ihn zu suchen.«

Ich weiß nicht, was ich dazu sagen soll. Eigentlich ist mir ja klar, dass sie Lotto nicht mit Absicht verloren hat. Aber sauer bin ich trotzdem.

»Okay, wenn du nie mehr sagst, Lotto ist der hässlichste Hund der Welt!«, mache ich ihr dann doch ein Friedensangebot.

»Wenn du nicht mehr sagst, Thommy ist der Hundefutter-Dieb«, nimmt sie es an und dann sagt sie noch: »Lotto ist der tollste Hund der Welt!«

Und damit hat sie wirklich recht.

Trotzdem haben wir keine Idee, was wir jetzt machen sollen. Auch wenn zwei Detektive mehr sehen als einer. Aber eben nicht so viel wie drei. Wir müssen unbedingt unseren dritten Detektivkollegen Lotto finden.

Ich kicke eine Dose über den Parkplatz. Sie fliegt ein ganzes Stück und landet neben einer Blume, die jemand auf den Asphalt gekritzelt hat.

Gekritzelt? Moment mal.

Ich springe auf und laufe zu der Blume und erkenne dann, dass sie nicht gekritzelt wurde, sondern dass sie aus Ameisen besteht! Eine Nachricht! Von Lotto! Und mir ist klar, was die Nachricht bedeutet.

Deshalb sage ich zu Carla: »Ich glaube, Lotto ist bei den Schrebergärten!«

Als wir in die Gartenanlage kommen, gucken wir über den Zaun: Herr Klein ist nicht da, sein Schrebergarten ist leer. Aber vor seinem Gartenhaus stehen zwei Futternäpfe. Daneben liegt ein kleines Bällchen.

»Alles, was ein Hund braucht«, sage ich.

»Oder eine Katze«, wendet Carla ein. »Hier wohnt ja gar kein Hund.«

Carla hat recht. Hier wohnt nur eine Katze.

»Dann ist der zweite Napf vielleicht für Lotto«, sage ich trotzig.

Jetzt bin ich richtig aufgeregt. Das Gartentor ist unverschlossen. Ich schleiche auf das Gelände, während Carla draußen Schmiere steht.

»Lotto?!«, flüstere ich und gucke in die Blumenbeete.

Als niemand antwortet, rufe ich etwas lauter.

»Lotto?«

Keine Reaktion. Nur eine Handvoll Ameisen krabbelt an mir vorbei. Ich rufe Carla.

»Guck mal hier. Das sind dieselben dicken Ameisen, die auch in Herrn Kleins Büro waren.«

»Vielleicht wollte Herr Klein besonders dicke Ameisen haben, weil er dachte, dass die mehr Blattläuse fressen. Also hat er sie aus dem Laden genommen und mit etwas Hundefutter groß und dick gezüchtet. Dann hat er sie in seinen Garten gebracht, damit sie dort die Blattläuse fressen. Dabei ist das ja totaler Quatsch«, erklärt Carla.

»Und dann kam Lotto! Bestimmt hat er vor dem Laden ihre Fährte aufgenommen und ist ihnen nachgelaufen. Bis in Herrn Kleins Schrebergarten. Den kannte er ja schon«, sage ich und muss ein bisschen kichern.

Und plötzlich hören wir aus dem Gartenhäuschen ein vertrautes Geräusch. Ein leises, vollgefuttert-säuselndes Schnarchen. Lotto muss da darin eingesperrt sein! Wir schleichen uns zum Gartenhäuschen und auch diese Tür steht offen. Als wir hineingehen, sehen wir ihn: Neben Gartengeräten und einem Sack voller Erde liegt Lotto selig schlummernd auf einer Decke und kuschelt mit der Katze der Kleins.

Wir wecken ihn vorsichtig, und er freut sich riesig, uns zu sehen. So sehr, dass er sofort aufspringt und seine Katzenfreundin sich darüber maunzend beschwert. Ich muss Lotto nicht mal bitten mitzukommen, er läuft sogar voraus.

Bis nach Hause.

Ermittlungsbericht
oder: Flora hat auch Neuigkeiten

Als wir nach Hause kommen, duftet es schon im Hausflur. Flora hat Pizza gemacht. Zum Glück, denn Carla und ich haben einen Bärenhunger.

Flora öffnet die Tür und umarmt uns stürmisch. Und Lotto natürlich auch. Aber dann höre ich noch eine bekannte Stimme, die fragt: »Muss ich meine Pizza jetzt etwa teilen?«

»Papa!!«

Vor lauter Aufregung habe ich doch tatsächlich vergessen, dass Papa heute nach Hause kommt.

Natürlich muss ich ihm gleich alles haargenau erzählen. Die Sache mit dem gestohlenen Hundefutter im Zooladen will er zweimal hören, vor allem das Verhör mit dem Polizisten bereitet ihm Sorgen. Aber ich versichere ihm, dass der Polizist sehr nett war und ich trotz der Befragung immer gut schlafen konnte. Aber der richtig spannende Teil der Geschichte fehlt ja noch: die Entführung. Auch wenn es eigentlich gar keine Entführung war. Papa ist trotzdem gebannt. Vor lauter Spannung isst er das geschenkte *Kinder-Glück* mit einem Haps auf. (Obwohl ich ihm die Salami gerade erst aus dem Kühlschrank geholt habe.)

»Mmmhhhh. Wenn ich dann immer so gute Wurst bekomme, kann ich dich öfter alleine lassen«, schmatzt er und schmunzelt. »Nicht wahr, Lotto?«

Lotto wedelt zustimmend mit dem Schwanz.

Und dann hat auch Flora noch einiges zu berichten. Denn natürlich ist sie zur Polizei gegangen und hat denen von der Hundefutter-Dose in Herrn Kleins Mülleimer erzählt.

»Herr Klein wurde vorsichtshalber festgenommen. Aber es ist noch nicht klar, was passiert ist«, sagt sie und schielt zu Einstein. Aber der schwimmt nur schweigend im Kreis.

»Ob Herr Klein das Hundefutter aus allen Läden geklaut hat?«, fragt Flora dann.

Ich überlege kurz: »Nein. Ich glaube nicht, dass er das war. So viel Hundefutter können nicht mal sehr dicke Ameisen fressen.«

»Dann ist er unschuldig?«, fragt Flora bestürzt.

»Wenn das so ist, muss er auch nicht bei der Polizei bleiben«, beruhigt Papa sie.

»Und die Ameisen sind immer noch in seinem Garten?«, will Flora wissen.

»Nur noch ein paar! Nicht wahr, Lotto«, antwortet Carla und tätschelt Lotto grinsend den Kopf.

Und dann lachen wir alle fünf.

Wir sind unendlich glücklich, dass Lotto wieder da ist. Aber wir wissen immer noch nicht, wer das Hundefutter geklaut hat.

Der vierte Verdächtige
oder: Wer ist der Hundefutterdieb?

Am Montagmorgen hole ich Lotto ganz früh für eine Gassirunde ab, danach wollen wir Flora in den Laden begleiten. Sie will unbedingt hingehen, obwohl Herr Klein ja gar nicht da ist. Lotto und ich kommen nach der Gassirunde mit, damit sie nicht so allein dort ist.

Als wir gerade los sind, bleibt Lotto vor dem Haus stehen und schüttelt Ameisen aus seinem Fell. Die Tiere formieren sich zu etwas, das aussieht wie eine Dose – und dann streichen sie die Dose durch. Was soll das bedeuten? Lottos Ameisenorakel ist manchmal einfach nicht zu verstehen.

Dann sehe ich den Lieferwagen von »Erste Klasse Hund«, der schon wieder vor dem Haus parkt. Komisch, so viele Schweineohren kann Rocky doch gar nicht fressen. Ob der Lieferant Frau Böhrich für ein Kaffeekränzchen besucht? Aber warum sitzt er dann noch im Wagen? Ich verstecke mich mit Lotto im Gebüsch und beobachte, was jetzt passiert. Der Liefermann wartet im Auto, bis Frau Böhrich mit Rocky rausgeht. Als sie weg ist (Rocky war zum Glück an der Leine), steigt er aus dem Wagen, holt eine Kiste aus dem Kofferraum und bringt sie in den Keller. Obwohl er doch gar kein Fleisch für Rocky dabeihat! Kurz darauf kommt er wieder hoch und holt noch einen Karton und dann noch einen. Er holt noch viele Kartons aus dem Auto. Dann steigt er ein und fährt davon. Seltsam. Nur ein lilafarbenes Einwickelpapier fliegt aus dem Autofenster, er hat es einfach rausgeworfen.

Als der Wagen weggefahren ist, laufen Lotto und ich zum Keller. Die Kellertür, die vorher von dem Korken in der Tür offen gehalten wurde, ist jetzt wieder geschlossen. Wir können also nicht sehen, was für Kisten er heruntergebracht hat. Ich hebe das Einwickelpapier auf, das der Lieferfahrer aus dem Fenster geworfen hat, und betrachte es. Es ist dasselbe Papier, das im Zoogeschäft lag. Lila glitzernd. Der Einbrecher muss es beim Einbruch *dort* im Laden und heute *hier* verloren haben. Bingo! Der Lieferant ist unser Mann.

Ich laufe schnell zurück zu Flora, aber jetzt kann ich natürlich nicht mehr mit ihr in den Laden gehen. Detektivarbeit geht vor! Wir müssen schließlich in den Keller und das Diebesgut sicherstellen – als Beweis.

Ich bestelle Carla zur Detektiv-Notfall-Sitzung zu mir. Papa hat mir ein tolles Frühstück mit gelber Matsche gemacht, bevor er ins Krankenhaus gefahren ist. Das können wir bei der Sitzung verputzen.

Lotto begrüßt Carla stürmisch, als sie klingelt. Dann berichte ich ihr bei einer Tasse Kakao, was ich gesehen habe.

Als ich zu Ende erzählt habe, sagt sie entschieden: »Wir müssen den Kellerschlüssel von Frau Böhrich holen!«

»Aber ich gehe nicht mit Lotto zu Frau Böhrich, er hat immer Angst vor Rocky«, werfe ich ein.

»Dann geh ich eben alleine und rede mit ihr. So von Frau zu Frau«, antwortet Carla und grinst.

Kurz darauf läuft Carla für ihr »Frauengespräch« hinunter ins Erdgeschoss zu Frau Böhrich.

Es dauert eine ganze Weile, bis Carla wieder hochkommt. Doch dann winkt sie stolz mit dem Kellerschlüssel und wir laufen sofort in den Keller.

Als wir die Kellertür öffnen, trauen wir unseren Augen nicht. Der Raum ist bis unter die Decke vollgepackt mit Kartons. Alle mit einem Hundebild darauf. Wir nehmen uns den Erstbesten vor und reißen ihn auf. Und tatsächlich: Er ist randvoll mit Hundefutter-Dosen! Im Keller von Frau Böhrich stapeln sich bestimmt fünfzig Pappkisten davon. Wahrscheinlich hat sie keinen Schimmer von dem Diebesgut in ihrem Keller.

Carla und ich sehen uns an, wir sind uns einig: Das ist der Beweis.

Der beste Hund der Welt
oder: Lotto zieht um (Schluchz!)

Die Polizei hat den Liefermann noch am selben Tag festgenommen. Der Beamte, der auch im Zoogeschäft war, hat sich bei Flora entschuldigt. Carla und mir hat er persönlich zu unserem ersten Fall gratuliert. Lotto hat der Polizist nicht gratuliert, aber er konnte ja nicht wissen, dass wir ohne ihn kein vollständiges Detektiv-Team sind. Ohne ihn und seine Ameisenorakel hätten wir das nämlich nie geschafft.

Am Abend erzähle ich Flora, was der Polizist noch zu mir gesagt hat: »»Der Liefermann dachte, wenn es kein Hundefutter mehr in Dosen gibt, dann kaufen alle frisches Fleisch bei ihm.‹ Ihm gehört ›Erste Klasse Hund‹ nämlich.«

Mir fällt Lottos Ameisennachricht mit der durchgestrichenen Dose ein. Jetzt verstehe ich, was er mir damit sagen wollte!

Flora seufzt erleichtert.

»Gut, dass Lotto weder Dosenfutter noch Frischfleisch mag.«

Dann lese ich ihr aus der Zeitung vor:

FALL ERFOLGREICH ABGESCHLOSSEN
Im Fall Hundefutterklau hat die Polizei fünfundfünfzig Kisten Hundefutter aus den Einbrüchen in drei verschiedenen Supermärkten beschlagnahmt. Als Täter festgenommen wurde der Inhaber und Lieferant der Firma *Erste Klasse Hund.*

Ich mache eine kurze Pause und gucke zu Lotto. Der hört ganz aufmerksam zu, während Flora die Pizza aus dem Ofen holt. Ich lese den nächsten Artikel:

ZUWACHS IM ZOO
Der Zoo hat eine neue Mitbewohnerin: die Ameisenbärendame Elly. Sie ist zwei Jahre alt und kommt aus Südamerika.

Jetzt wedelt Lotto freudig mit dem Schwanz.
»Wenn das nicht eine feine Freundin für dich ist?«, sagt Flora und stellt die Pizza auf den Tisch.
»Würdest du sie gerne besuchen?«, frage ich und als Antwort schlabbert mir Lotto mit seiner ekligen langen Zunge über das Gesicht.

Eine Woche später gehen wir in den Zoo. Denn Lotto wird ab jetzt im Zoo wohnen.

Ich habe lange mit Papa darüber gesprochen. Papa sagt, es ist wichtig für Lotto, mit anderen Ameisenbären zusammenzuwohnen. Außerdem ist im Zoo gleich ein Doktor da, wenn Lotto mal krank ist. Ich hab mich daran erinnert, wie es war, als Lotto den Sonnenstich hatte. Ich war so verzweifelt. Zwar hat Carla geholfen, aber sie ist eben noch keine fertige Tierärztin und weiß auch nicht alles. Irgendwie hat Papa schon recht. Und als dann auch noch Elly im Zoo eingezogen ist, da war ich schweren Herzens einverstanden.

»Dürfen Goldfische mit in den Zoo?«, fragt Flora.

Einsteins Aquarium ist viel zu schwer und deshalb kommt er in einem Gurkenglas mit, das Flora trägt. Papa hat alle Hände voll zu tun damit, Frau Hund an der Leine zu halten. Frau Hund ist nämlich unsere neue Rauhaardackeldame. Sie wohnt abwechselnd bei uns und bei Carla und ihren Vätern. Und sie hat ihren eigenen Kopf. Nur Carla gehorcht sie aufs Wort. Papa ist wirklich froh, dass sie ihm die Dackelleine abnimmt.

Lotto und ich laufen voraus. Er kann es gar nicht erwarten, Elly kennenzulernen. Als wir endlich das Gehege finden, geht er so lange vor dem Zaun auf und ab, bis Elly endlich ihre Nase durch die Gitterstäbe steckt. Lotto begrüßt sie mit einem liebevollen Nasenstups, der eigentlich ein Rüsselstups ist. Und sie stupst zurück. Die beiden

stupsen und stupsen. Sie können gar nicht genug davon kriegen. Irgendwann geht Papa Pommes holen und dann geht Flora Limo holen und dann muss Carla aufs Klo und dann ich. Und irgendwann haben wir keine Lust mehr, den beiden Ameisenbären beim Stupsen zuzugucken.

Jetzt ist es an der Zeit, sich zu verabschieden. Denn auch wenn ich Lotto besuchen kann, ist es ein Abschied.

Ich muss schon weinen, bevor der Tierpfleger da ist, obwohl ich mir eigentlich vorgenommen hatte, nicht zu weinen. Als der Tierpfleger kommt, drücke ich Lotto ganz eng an mich. Was wäre wohl, wenn ich ihn einfach nicht hergäbe?

Sanft, aber bestimmt nimmt mir der Tierpfleger Lottos Leine aus der Hand.

»Du kannst ihn immer besuchen. Auch ohne Eintritt.«

»Darf Carla auch mit?«, frage ich.

»Na klar!«, verspricht er.

Carla kommt jetzt auch zu uns und streichelt Lotto.

»Mach's gut, Lotto, wir kommen und bringen dir besonders dicke Ameisen, die du so gerne isst.«

Ich drücke Lotto noch einmal ganz fest und gebe ihm einen dicken Kuss auf den Rüssel.

»Ab nächster Woche darf er auch zu Elly. Aber erst mal müssen wir ihn gut untersuchen und impfen«, sagt der Tierpfleger.

Ich nicke und wische mir den Rotz und die Tränen aus dem Gesicht. Lotto sieht mich an, dann geht er mit dem Tierpfleger mit. Hinter ihm bleibt ein Herz aus Ameisen auf dem Boden zurück.

Papa nimmt mich in den Arm und ich grabe mein Gesicht in seinen Bauch.

»Elly scheint doch sehr nett zu sein. Das nächste Mal bringen wir ihr auch eine Pizza mit!«, tröstet Flora mich.

Carla erinnert sie daran, dass Ameisenbären keine Pizza fressen. Aber das ist ihr egal.

»Der Gedanke zählt!«, sagt sie.

Wenige Tage nach Lottos Verabschiedung reicht Flora ihre Kündigung im Zooladen ein. »Ich will jetzt nur irgendwo arbeiten, wo ich auch Tiere streicheln kann, nicht mehr nur mit Konservendosen und Fischfutter«, sagt sie. »Im Tierheim ist eine Stelle als Tierpflegerin frei.«

Dort darf sie sich um die Tiere kümmern, auch wenn sie nicht so gut sieht und manchmal Hunde mit Katzen verwechselt. »Ich arbeite ja nicht alleine dort. Sie haben gesagt: Hauptsache, ich mag Tiere!«

Ich finde das richtig.

Denn: Ein Tier ist gut für die Seele – jedes Tier.

Nachtrag

Große Ameisenbären können nicht besonders gut sehen, aber gut hören. Am besten ist der Geruchssinn entwickelt. Mit ihrer langen rüsselähnlichen Nase können sie kleine Insekten aufsaugen wie ein Staubsauger. Dazu haben sie eine spezielle Zunge: Diese ist sehr dünn und lang und mit klebrigem Speichel überzogen. Der Kopf der Ameisenbären ist winzig und besteht eigentlich nur aus Nase. Da bleibt wenig Platz für ein großes Gehirn. Deswegen kann sich der Ameisenbär immer nur auf eine Sache gleichzeitig konzentrieren. Wenn er auf der Futtersuche ist, hat er nur Ameisen im Kopf. Sonst bekommt er nichts mit. Das kann in freier Wildbahn gefährlich sein.

Dass Ameisenbären auch Bilder-Nachrichten aus Ameisen formen können, ist bisher noch nicht erforscht.

140

Über die Autoren

Judith Kleinschmidt wurde 1977 in Berlin geboren und lebt auch heute noch dort. Sie hat Film- und Theaterwissenschaft studiert und an mehreren Weiterbildungsprogrammen teilgenommen. Judith Kleinschmidt war für verschiedene Film- und Theaterprojekte tätig. Heute ist sie Autorin für diverse Kindermedien. Sie hat unter anderem die Zeichentrickserie »Lennart im Grummeltal« für das Sandmännchen erfunden. »Ein Fall für den Rüsselhund« ist ihr erster Vorlesetitel beim Mixtvision Verlag.

Michael Mantel begann seine zeichnerische Laufbahn als Storyboardzeichner beim Animationsfilm. Parallel dazu wagte er 2003 den Schritt in die Selbstständigkeit. Seitdem illustriert Michael Mantel für Verlage, Werbeagenturen und Live-Events, national wie international. 2022 erschien das erste Bilderbuch mit seinen Illustrationen, 2023 folgten weitere Kinderbuchprojekte. »Ein Fall für den Rüsselhund« ist seine erste Zusammenarbeit mit dem Mixtvision Verlag.

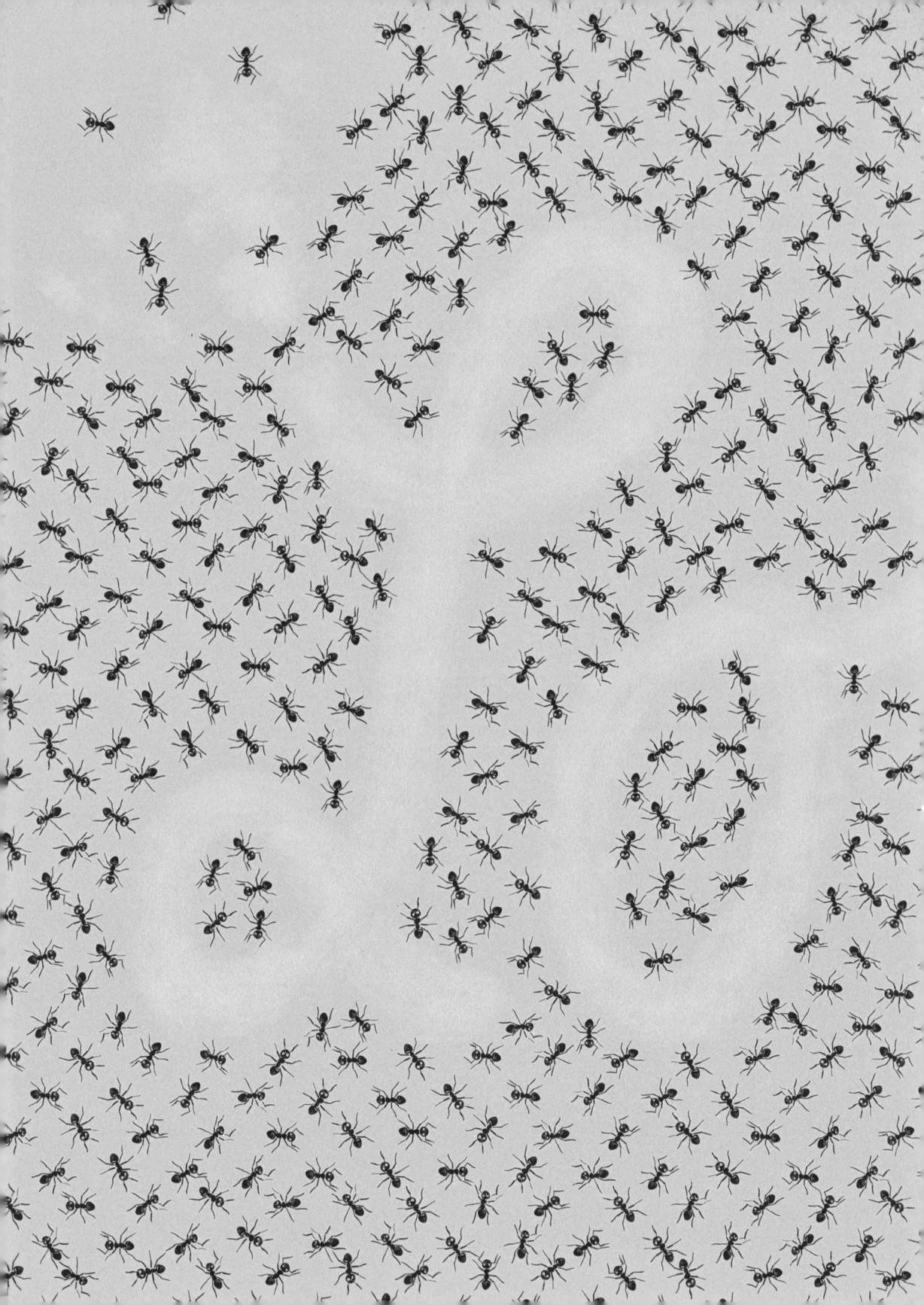